Christine Caine

Noch mehr Leben, bitte!

Über die Autorin

Christine Caine ist eine weltweit gefragte Rednerin aus Australien. Sie ist Autorin, Ehefrau und Mutter zweier Töchter. Außerdem setzt sie sich seit 2007 mit ihrer Organisation „A 21 Campaign" couragiert gegen den Menschenhandel in der Welt ein. In Deutschland wurde sie im Januar 2012 durch einen viel beachteten Vortrag während des Willow-Creek-Leiterschaftskongresses in Stuttgart bekannt.

Christine Caine

Noch mehr Leben, bitte!

Mehr erleben und erreichen, ohne sich selbst zu überfordern.

Übersetzt von Antje Balters

Gerth Medien

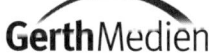

Verlagsgruppe Random House FSC-DEU-0100
Das für dieses Buch verwendete FSC®-zertifizierte Papier
Enso Classic 95 liefert Stora Enso, Finnland.

Die englische Originalausgabe erschien im Verlag
Integrity Media Europe, www.worshipwithintegrity.com,
unter dem Titel „Can I have and do it all, please?".
© 2009 by Christine Caine
© der deutschen Ausgabe 2012 Gerth Medien GmbH, Asslar,
in der Verlagsgruppe Random House, München

Die Bibelzitate wurden, sofern nicht anders angegeben,
folgender Bibelübersetzung entnommen:
„Hoffnung für alle" – Die Bibel,
© 1986, 1996, 2002 International Bible Society,
Übersetzung, Herausgeber und Verlag:
Brunnen Verlag, Basel und Gießen

Außerdem wurden folgende Übersetzungen verwendet:

Die Bibel nach der Übersetzung Martin Luthers in der revidierten
Fassung von 1984. Durchgesehene Ausgabe in neuer Rechtschreibung,
© 1984 Deutsche Bibelgesellschaft, Stuttgart

Revidierte Elberfelder Bibel (Rev. 26), © 1985/1991/2008 SCM
R. Brockhaus im SCM-Verlag GmbH & Co. KG, Witten

Best.-Nr. 816 733
ISBN-13: 3-86591-733-1
1. Auflage 2012
Lektorat: Damaris Müller
Umschlaggestaltung: Hanni Plato
Umschlagillustrationen: Shutterstock
Satz: Die Feder GmbH, Wetzlar
Druck und Verarbeitung: CPI – Ebner & Spiegel, Ulm
Printed in Germany

*Dieses Buch ist meinem Mann
und bestem Freund Nick gewidmet,
den ich oft als das hinreißendste Stück männlichen
Fleisches auf diesem Planeten bezeichne ...
und er widerspricht mir darin nie.*

Inhalt

Prolog 9

1 Es geht immer um alles 15

2 Es geht um unseren Wert 33

3 Es geht um unsere Bestimmung 51

4 Es geht um unsere Identität 69

5 Es geht um Einfachheit 89

6 Es geht um Phasen 113

7 Es geht um Beziehungen 135

8 Es geht ums Durchhalten 159

9 Es geht um Vitalität 181

Epilog 201

Durch die Stimmenexplosion, die sich direkt vor mir im Saal ereignete, wäre ich beinahe rückwärts vom Hocker gefallen. Glücklicherweise konnte ich mich gerade noch rechtzeitig fangen, ohne das Gleichgewicht zu verlieren und auf dem Boden des Podiums zu landen. Es wäre nämlich bestimmt kein schöner Anblick gewesen, mir – im Rock – beim Kampf mit dem Hocker zuzuschauen und dabei, wie ich versuchte, mich einigermaßen anmutig wieder in eine aufrechte Sitzposition zu bringen.

Was ist denn bloß in diese Frauen gefahren? Ich dachte, das hier sollte eine ganz normale Fragestunde werden, wie ich sie bei fast jedem Frauenkongress anbiete, schoss es mir durch den Kopf. Aber hier ging offenbar etwas ganz anderes ab. Alle Frauen in diesem Saal schienen wild entschlossen zu sein, mich mit ihren lebenswichtigen Anliegen zu bombardieren.

Ich versuchte, aus dem Stimmengewirr eine Frage herauszufiltern, in der Hoffnung, meine Zuhörerinnen mit einer besonders geistreichen Antwort beruhigen zu können, doch es war unmöglich, weil alle durcheinanderredeten. Schließlich gelang es der verantwortlichen Dame am Mikrofon, einigermaßen für Ruhe und Aufmerksamkeit zu sorgen. Ihr war allerdings inzwischen offenbar klar geworden, dass die Formulierung: „Wer hat noch eine Frage an Christine?" nicht der richtige Einstieg in diesen Teil der Veranstaltung war, und so forderte sie die anwesenden Frauen auf: „Wenn Sie eine Frage an Christine haben, dann reden Sie doch bitte nicht einfach drauflos. Melden Sie sich stattdessen mit Handzeichen und ich rufe dann eine nach der anderen auf."

Kaum hatte sie den Satz beendet, ging im selben Moment – *Wuuusch* – ein Meer von Händen gleichzeitig in die Höhe, sodass ich den Luftzug, der dabei entstand, vorne auf dem Podium spüren konnte.

Erste Frage: „Christine, wie machen Sie das bloß? Wie schaffen Sie es, so viele verschiedene Dinge unter einen Hut zu bekommen? Sie sind Ehefrau, Mutter, Referentin und noch vieles andere – können Sie uns Ihr Geheimnis verraten, wie Sie das alles gleichzeitig bewältigen?"

Wow, dachte ich. *Könnten wir nicht vielleicht mit einer einfacheren Frage anfangen, wie zum Beispiel: Was ist Ihr Lieblingsgericht?* Ich holte tief Luft und gab dann ein paar der Erkenntnisse und Einsichten weiter, die Gott mir im Laufe der Zeit geschenkt hat und die sich für mich persönlich als besonders wichtig erwiesen haben. Es war eine sehr komplexe Frage, aber ich tat mein Bestes, um sie anhand meiner eigenen Erfahrungen möglichst umfassend zu beantworten.

Da die Fragestellerin mit meinen Ausführungen ganz zufrieden schien, bat die Dame am Mikrofon um die nächste Frage. *Wuuusch*, wieder schossen Hunderte von Händen hoch, gefolgt von einem kühlen Luftzug.

Zweite Frage: „Christine, ich habe den Eindruck, dass ich zur Mitarbeit im Reich Gottes berufen bin, aber ich bin verheiratet und habe Kinder … Wie kann ich mich für Gott einsetzen, ohne meine Aufgaben als Ehefrau und Mutter zu vernachlässigen?"

Ist das nicht irgendwie die gleiche Frage wie die erste?, überlegte ich. *Vielleicht war meine Antwort ja noch nicht verständlich genug.* Also versuchte ich, noch ein bisschen ausführlicher und präziser meine Überzeugung zu vermitteln, dass Gott möchte, dass wir bei alldem, was wir zu bewältigen haben, körperlich und seelisch gesund und vor allem auch bei Verstand bleiben. Diesmal hatte ich es aber wirklich auf den Punkt gebracht – zumindest glaubte ich das. Es gab viel beifälliges Nicken und Gemurmel von den Frauen, so, als wollten sie mir signalisieren, dass meine Antwort ihnen weiterhalf.

Zeit also für die nächste Frage. *Wuuusch,* Hunderte von Händen. Kühler Luftzug.

Dritte Frage: „Christine, Sie meistern so viele Herausforderungen, dass ich mir sicher bin, dass Gott Ihnen gezeigt hat, wie man viele verschiedene Dinge gleichzeitig in den Griff bekommt. Können Sie uns erklären, wie das funktioniert?"

Bin ich in dem Film „… und täglich grüßt das Murmeltier" gelandet? Ist das nicht wieder genau die gleiche Frage wie die gerade eben?, dachte ich verblüfft. Statt dieselbe Frage ein drittes Mal zu beantworten, fand ich es schlauer und auch effektiver, erst einmal selbst eine Frage zu stellen. Deshalb sagte ich: „Bevor ich auf dieses wichtige Anliegen eingehe, würde ich gerne wissen: Gibt es hier im Publikum Fragen, die sich *nicht* darum drehen, wie man allen gerecht wird – seinen Mitmenschen, sich selbst und Gott?"

Stille. Kein *Wuuusch*. Keine Hände. Kein Luftzug.

Und da dämmerte es mir langsam. Wir Frauen von heute sind mit bisher nie da gewesenen Herausforderungen konfrontiert, weil unsere unterschiedlichen Rollen und unsere Beteiligung am gesellschaftlichen Leben immer komplexer und vielfältiger werden. Bis vor nicht allzu langer Zeit war die Rolle der Frau im Allgemeinen auf die drei Ks beschränkt (Kinder, Küche, Kirche), aber heute engagieren sich Frauen in den verschiedensten gesellschaftlichen Bereichen viel aktiver als früher. Wir sind nicht mehr nur Schwestern, Töchter, Ehefrauen und Mütter, sondern außerdem auch noch Lehrerinnen, Verkäuferinnen, Ärztinnen, Anwältinnen, Politikerinnen, Aktivistinnen, Firmeninhaberinnen, Autorinnen, Sportlerinnen – und diese Liste ließe sich beliebig lang fortsetzen. Mehr als je zuvor jonglieren wir Frauen mit immer mehr Verantwortung, Aktivitäten und Terminplänen ... und wir müssen wissen, wie wir alle diese Herausforderungen meistern können, ohne unseren Traum von einem erfüllten Leben zu begraben. Die Fragen der Frauen auf dem besagten Kongress ließen daran keinen Zweifel.

Ich merkte schon bald, dass der Verlauf dieser Fragestunde kein Einzelfall war, denn in den darauffolgenden Monaten erlebte ich auf all meinen Reisen – egal, auf welchem Kontinent ich mich befand – das Gleiche oder sehr Ähnliches. In verschiedenen Sprachen und bei Personen in unterschiedlichen Lebensphasen zog sich durch alle Fragen immer derselbe rote Faden: Jede Frau wollte erfahren, wie sie all das, was Gott für sie vorgesehen und vorbereitet hat, umsetzen kann, und zwar wollte sie es nicht irgendwann wissen, sondern sofort!

Und als aus diesen Monaten, in denen ich immer wieder dieselben Fragen beantwortete, Jahre wurden, kam ich zu dem Schluss: *Darüber müsste mal jemand ein Buch schreiben!* Hier ist es …

Ich habe beileibe nicht auf alles eine Antwort, und ich weiß auch nicht genau, wie diese Angelegenheit, die man Leben nennt, bis ins Kleinste funktioniert … auch wenn das toll wäre! Doch nach über 40 Lebensjahren, davon 15 Jahre im vollzeitlichen Dienst für Gott, über ein Jahrzehnt als Ehefrau und als Mutter von zwei Kindern, kann ich mit gutem Gewissen behaupten, dass ich einige grundsätzliche Dinge gelernt habe. Und diese Lektionen dienen mir als Kompass, mit dessen Hilfe ich erkennen kann, wie wir all das, was Gott für uns bereithält, in unserem Alltag verwirklichen können.

Das vorliegende Buch möchte Ihnen eine ganz neue Sicht vom Frausein vermitteln und deutlich machen, wie kostbar wir für Gott sind. Es soll außerdem zeigen, dass Gott einen unverwechselbaren Plan für das Leben jedes einzelnen Menschen hat. Auf meiner persönlichen Entdeckungsreise bin ich irgendwann zu der festen Überzeugung gelangt, dass es tatsächlich möglich ist, ein ausgeglichenes und erfülltes Leben zu führen, wenn wir Gott mit jeder Faser unseres Wesens vertrauen. Mit seiner Hilfe schaffen wir es, jede Herausforderung zu bewältigen und jeden Traum zu verwirklichen – wenn auch vielleicht nicht alles auf einmal. Gott kennt unsere unterschiedlichen Lebensphasen und sein Timing ist immer absolut perfekt. Wir müssen uns nur manchmal erst daran gewöhnen, unseren Blick mit seinem zu synchronisieren. Lassen Sie sich nicht entmutigen! Sie dürfen Ihre Erwartungen noch höher stecken, als Sie es bereits getan haben – aber zuvor sollten wir uns ein paar einfache Grundprinzipien anschauen, die uns zeigen, wie wir unser Ziel erreichen können.

Auf den folgenden Seiten möchte ich Ihnen einen kleinen Einblick in mein Leben geben – in meine Enttäuschungen und Niederlagen, meine Herausforderungen und einige urkomische Momente ... Los geht's!

1

Es geht immer um alles

Schon beim Aufwachen war ich aufgeregt. Es war ein neuer Tag, und der gestrige an Wahnsinn grenzende Versuch, meine To-do-Liste abzuarbeiten, lag weit hinter mir.

Ich wusste, dass alles besser werden würde, denn ich war schon vor dem Wecker aufgewacht und konnte sogar noch duschen, bevor die Mädchen aufgestanden waren (was am Tag zuvor nicht der Fall gewesen war). Ich spürte förmlich, dass dies der Tag war, an dem ich alle Punkte auf meiner To-Do-Liste würde abhaken können, was allerdings auch dringend nötig war, denn es gab noch so viel zu erledigen, bevor ich wieder für längere Zeit beruflich unterwegs sein würde. Zugegeben, ich konnte mich nicht erinnern, wann ich das letzte Mal alle Punkte auf meiner Liste abgehakt hatte – seit meine Töchter auf der Welt waren, jedenfalls nicht mehr –, aber weil ich nun mal eine unverbesserliche Optimistin bin, war ich sicher, dass dies der Tag sein würde, an dem ich es schaffen würde!

Ich hatte alles bis ins kleinste Detail geplant. Meine Sportsachen waren schon im Auto (Häkchen), sodass ich sofort ins Fitnessstudio gehen konnte, nachdem ich Catherine in die Schule und Sophia in die Vorschule gebracht hatte. Catherines Schulbrote waren schon fertig und lagen bereit, zusammen mit einem ganz besonderen Geburtstagsgeschenk für ihre Lehrerin. Catherine hatte mir nämlich erzählt, dass ihre Lehrerin eine Vorliebe für karamellisierte Äpfel hatte, also hatte ich ein paar davon in einem teuren Süßwarenladen im Ort besorgt.

In der Gemeinde war über die Mittagszeit ein Mitarbeitertreffen angesetzt, in dem die Gemeindearbeit für die nächsten paar Monate geplant werde sollte. Zwischen dem Ende dieser Sitzung und dem Schulschluss der Mädchen wollte ich unbedingt noch ein bisschen Zeit zum Schreiben einquetschen, dann wollte ich die Mädchen von der Schule abholen und zu Hause das Abendessen für die Familie kochen. Die Lebensmittel, die ich dazu brauchte, hatte ich schon besorgt (Häkchen), und außerdem hatte ich unterwegs auch noch ein hübsches kleines Nichts von einem Nachthemd gefunden – als kleine Überraschung für meinen Mann am Ende des Abends –, das mindestens 15 Häkchen wert war!

Endlich würde ich meinen Traumtag erleben und alles miteinander vereinbaren können – Familie, Beruf und Spaß. Immerhin hatte ich es ja schon geschafft, rechtzeitig aufzustehen und zu duschen ... jetzt konnte mich nichts mehr aufhalten! Heute würde ich in meiner Küche Léa Linster nacheifern, im Fitnessstudio den beiden Klitschko-Brüdern, Steve Jobs im Büro, Billy Graham bei der Gemeindearbeit und Jane Austen beim Schreiben am Computer. Und als krönender Höhepunkt würde ich heute Abend so verführerisch aussehen, dass meinem Mann die Luft wegbleiben würde. Ich brauchte nur noch mein Schlafzimmer zu verlassen und den Tag zu beginnen.

Doch da trat Murphys Gesetz erbarmungslos in Kraft ... welches besagt, dass alles, was schiefgehen kann, auch wirklich schiefgehen wird.

Als Erstes ging der Reißverschluss von Catherines Schulhose kaputt und alle ihre anderen Hosen waren in der Wäsche. *Ob ich einen Nähkasten habe?* Lustige Frage ... Die richtige Frage müsste lauten, ob ich überhaupt weiß, wie man mit Nadel und Faden umgeht. Catherine musste also eben einen Rock anziehen.

Auf dem Weg zur Schule erfuhr ich dann, dass meine Tochter für die Geburtstagsfeier der Lehrerin Pappteller und Servietten mitbringen sollte. Wir waren wegen des kleinen Reißverschlussintermezzos zwar ohnehin spät dran, aber es gelang mir tatsächlich, unterwegs kurz von der Schnellstraße abzufahren, in einem Supermarkt die benötigten Partyutensilien zu besorgen und trotzdem noch beide Mädchen rechtzeitig zum Schulbeginn abzuliefern.

Im Fitnessstudio war es voll, aber ich schaffte ein intensives Programm, bei dem ich richtig ins Schwitzen kam, bevor dann überraschend der Strom ausfiel. Mit der Folge, dass ich vor der Mitarbeitersitzung nicht mehr duschen konnte. *Na ja, die haben mich auch zuvor schon ungeschminkt gesehen – nicht weiter schlimm.*

Auf dem Weg zu meinem Büro war Stau, weil aufgrund des erwähnten Stromausfalls die Verkehrsampeln nicht mehr funktionierten, sodass ich zu der Mitarbeitersitzung sehr spät dran war und deshalb vorher nicht mehr zum Essen kam. Da ich meinem Zeitplan jetzt schon arg hinterherhinkte, hatte ich auch keine Zeit mehr zum Schreiben, was vielleicht auch ganz gut war, denn nach dem harten Training und dem ausgefallenen Essen war mir ein bisschen schwummerig, und ich konnte nicht besonders klar denken.

Der Rest des Nachmittags war dann Hektik pur: Als Erstes fuhr ich im Feierabendverkehr zu den jeweiligen Schulen der Mädchen, um sie abzuholen. Catherine erzählte, dass ihre Lehrerin extrem überrascht gewesen sei über das Geschenk – hatte sie vielleicht vergessen, dass sie den Kindern von ihren Karamellapfelgelüsten erzählt hatte?

Danach half ich den Mädchen bei den Hausaufgaben, während ich gleichzeitig das Abendessen anbrennen ließ. Ich versuchte, das verkohlte Zeug durch Reste zu ersetzen, musste jedoch bei näherer Inspektion des Kühlschranks feststellen, dass ich selbige gerade tags zuvor entsorgt hatte. Also rief ich Nick an und bat ihn, von unterwegs irgendetwas zum Essen mitzubringen. Zum Schluss rutschte ich dann noch im Badezimmer aus, als ich den Mädchen ihr Bad einließ. *Gott sei Dank* bot Nick an, sie ins Bett zu bringen, damit ich vor dem Schlafengehen noch ein bisschen Ruhe hatte, und ich nahm sein Angebot dankbar an.

Was um alles in der Welt ist da bloß schiefgelaufen?, dachte ich. Ich hatte so sehr gehofft, ja, eigentlich fest damit gerechnet, dass dieser Tag der Tag werden würde, an dem ich endlich alles schaffen konnte, ohne dabei einen seelischen Zusammenbruch zu erleiden.

Ich wusste nicht, ob ich lachen, weinen oder etwas gegen die Wand werfen sollte, und dann fiel es mir wieder ein – ich hatte ja noch das süße kleine Nachthemd, um Nick zu überraschen! Der Tag musste also doch kein totaler Flop werden. Ich konnte immer noch eine tolle Geliebte sein! Schnurstracks rannte ich in die Küche, um die kleine Tüte mit diesem ganz speziellen Einkauf zu holen, huschte zurück ins Schlafzimmer, öffnete die Tüte – und zog ein paar appetitlich verpackte Karamelläpfel heraus. Kein Wunder, dass Catherines Lehrerin so überrascht gewesen war!

In diesem Augenblick kam mir der Gedanke, dass meine Vorstellung, alles auf einmal bewältigen zu können, vielleicht doch unrealistisch war.

Das utopische „Alles"

Okay, die Geschichte ist vielleicht ein bisschen übertrieben erzählt (aber wirklich nur ein bisschen), doch die meisten Frauen können sich mühelos in ein solches Szenario hineinversetzen. Jahrelang hat man uns versichert, dass wir alles, wirklich alles schaffen können, was wir wollen, sodass wir uns natürlich aktiv, wenn nicht gar aggressiv ans Werk machen, um dieses utopische „Alles" auch tatsächlich zu erreichen. Wir krempeln die Ärmel hoch und packen zu. Wir stehen morgens eine Stunde früher auf, um zu joggen, eine weitere Stunde, um zu beten, und eine dritte Stunde brauchen wir, um die Kinder für die Schule fertig zu machen. Wir sind perfekte Organisatorinnen und Problemlöserinnen beim Managen von Ehemännern, Kindern, Gemeindeaufgaben, Freundschaften, Finanzen, Einkäufen, Mahlzeiten, Kindertaxidiensten, stiller Zeit und was sonst noch auf dem Zettel steht. Und wenn sich der Tag dem Ende zuneigt, bleiben wir noch eine Stunde länger auf, um dafür zu sorgen, dass der Haushalt picobello ist, eine weitere Stunde, um ein Kapitel in einem der neuesten Bestseller zu lesen, damit wir auch kulturell up to date bleiben, und dann noch eine Stunde, um genügend intensive gemeinsame Zeit mit unserem Mann zu haben. Eigentlich müssten wir völlig auf Schlaf verzichten, weil es in dem Moment, in dem wir unser müdes Haupt aufs Kissen betten, schon wieder Zeit zum Aufstehen und Durchstarten ist.

Obwohl wir uns größte Mühe geben, allen Anforderungen und Erwartungen gerecht zu werden, stellen wir sehr schnell fest, dass das nicht geht. Unser Tag müsste 48 Stunden haben, damit wir dieses Ziel auch nur annähernd erreichen könnten. Und da das nicht der Fall ist, sind viele Frauen enttäuscht, entmutigt, erschöpft, angespannt und gestresst. Trotz unserer manchmal beinahe übermenschlichen Leistungen kommen wir irgendwann an den Punkt, an dem wir anfangen, das Tempo und die Dichte dieses Lebensstils zu hinterfragen. Und es drängt sich uns der Verdacht auf, dass wir vielleicht nur auf eine große Lüge hereingefallen sind, wenn wir glauben, es sei möglich, eine tolle Ehe zu führen, gut geratene Kinder zu haben, tragfähige Freundschaften zu pflegen und dabei auch noch die Bestimmung zu entdecken und umzusetzen, die Gott uns zugedacht hat.

Tatsache ist jedoch, dass wir unsere Träume nicht begraben müssen, sondern viel mehr erreichen können, als wir uns vorgestellt haben. Dass wir so häufig meinen, wir würden es niemals schaffen, sondern auf der ganzen Linie jämmerlich versagen, liegt daran, dass wir nicht wissen, was Gott unter „alles" versteht. Wenn wir uns auf das Abenteuer namens Leben einlassen und herausfinden wollen, wozu Gott uns bestimmt hat, sollten wir also zuerst ergründen, wie *seine* Definition von „alles" lautet, und danach erst loslegen.

Als Teenager hatte ich eigentlich vor, Basketballspielerin zu werden. Doch dann kam die Realität dazwischen: Die statistische Wahrscheinlichkeit, dass ein zierliches,

1,60 Meter großes Mädchen in diesem Sport erfolgreich ist – und wenn sie noch so viele Körbe wirft –, geht gegen null. Hätte ich nun beschlossen, diese Tatsache zu ignorieren und mein „Alles" darin gesucht, Superstar in der obersten Basketballliga zu werden, dann hätte ich viele Jahre mit ziemlich fruchtlosen Anstrengungen vertan. Der springende Punkt ist, dass es für jede Frau ein ganz eigenes, speziell auf sie zugeschnittenes und sehr konkretes „Alles" gibt. Und wenn wir das anstreben – nicht mehr und nicht weniger, sondern nur das –, dann kann Gott dafür sorgen, dass wir es auch erreichen.

Alles umzusetzen, was Gott für uns bereithält, bedeutet nicht, alles zu haben und zu sein, was wir uns wünschen, und es heißt auch nicht, dass wir alles auf einmal schaffen müssten. Wir sollten uns außerdem davor hüten, unsere Wünsche, Ziele und Träume von den Medien, Politikern, der Frauenbewegung, von Kultur und Geschichte, von Lifestyle-Zeitschriften, Traditionen, den angesagtesten Promis oder unserem Körper bestimmen zu lassen. Nein, diese Ziele, Wünsche und Träume sollte das Ergebnis unseres Lebensgrundsatzes sein, Gott an die erste Stelle zu setzen.

In Matthäus 6,33 sagt Jesus: *„Sorgt euch vor allem um Gottes neue Welt, und lebt nach Gottes Willen! Dann wird er euch mit allem anderen versorgen"* (Matthäus 6,33).

Wenn es Gott ist, der uns mit *allem* anderen versorgt, und wir uns nicht selbst dafür abmühen müssen, dann brauchen wir nicht gestresst zu sein, überarbeitet oder ständig in Sorge über etwas, das wir sowieso nicht aus eigener Kraft bewerkstelligen können. Wir brauchen nur Gott die höchste Priorität in unserem Leben einzuräumen, dann wird er alles andere hinzufügen, und zwar entsprechend seinem vollkommenen Willen und nach seinem perfekten Zeitplan.

Die Bibel sagt zudem, dass Gott für jeden Menschen ganz bestimmte Dinge vorgesehen hat, die nur dieser Mensch tun und erreichen soll. Im Epheserbrief steht: *„Gott hat etwas aus uns gemacht: Wir sind sein Werk, durch Jesus Christus neu geschaffen, um Gutes zu tun. Damit erfüllen wir nur, was Gott schon im Voraus für uns vorbereitet hat"* (Epheser 2,10).

Wenn wir danach streben, genau die Dinge zu tun, die Gott schon längst für uns vorgesehen und vorbereitet hat, dann werden unsere Kraft, unsere Zeit und unsere Mittel und Möglichkeiten dafür immer ausreichen. Aber andersherum gilt auch, wenn wir versuchen, Wege zu gehen, die Gott gar nicht für uns vorgesehen und vorbereitet hat, dann werden wir am Ende unweigerlich gestresst, unerfüllt und enttäuscht sein.

Das einzigartige Spektrum unserer persönlichen Möglichkeiten, Herausforderungen und Träume ist an Gott selbst gebunden und daran, was er mit uns und unserem Leben vorhat. Wenn wir als Erstes immer *ihn* im Blick haben und unser Leben ganz nach den guten Werken ausrichten, die er für uns vorbereitet hat, dann werden wir immer wieder von Neuem darüber staunen, dass unser chaotisches und zum Bersten vollgestopftes Leben trotz allem rundläuft.

Ein vernetztes, nicht ein in Schubladen unterteiltes Leben

Nachdem wir festgestellt haben, dass es eine unumgängliche Voraussetzung ist, Gott die oberste Priorität einzuräumen und unser Leben aus seiner Perspektive zu betrachten, müssen wir jetzt herausfinden, was das ganz konkret für unseren Alltag bedeutet.

Mir ist bewusst geworden, dass sich die meisten Dinge im Leben auf Emeril Lagasses Schokoladen-Kakao-Buttermilch-Kuchen reduzieren lassen. Möglicherweise runzeln Sie jetzt irritiert die Stirn, aber ich werde Ihnen gleich genauer erklären, wie ich das meine. Zunächst werde ich alle Zutaten auflisten, die man braucht, um diesen Kuchen zu backen:

220 g Mehl
85 g Backkakao
1 TL Natron (oder Backpulver)
½ TL Salz
270 ml Buttermilch
2 EL dunkler Honig oder Zuckerrübensirup
1 TL Vanille-Extrakt (alternativ: 1 Pk Vanillezucker oder
Mark von 2 Vanilleschoten
oder ein paar Tropfen Vanille-Aroma)
190 g weiche ungesalzene Butter
315 g brauner Zucker
2 große Eier
Schokoladenglasur

(Die englische Backanleitung finden Sie im Internet auf www.emerils.com unter dem Titel: *Chocolate Cocoa Buttermilk Cake*. Die amerikanischen Mengenangaben wurden mithilfe verschiedener Internetseiten, z. B. www.usa-kulinarisch.de, auf europäische Mengen umgerechnet.)

Es sind alle aufgezählten Zutaten für den Kuchen nötig, doch sobald man ein Stück davon vor sich auf dem Teller liegen hat, vielleicht noch mit einem extra dicken Klecks Schlagsahne darauf, dann ist das Allerletzte, woran man denkt, die Zutatenliste. Man denkt ausschließlich an das vorzügliche Ergebnis, das man gerade genüsslich verzehrt.

Tatsache bleibt jedoch, dass dieser Kuchen aus all den aufgezählten einzelnen Zutaten besteht und dass nur die Gesamtheit aller dieser Zutaten zu dem gewünschten Geschmackserlebnis führt.

Jeder Kuchen enthält einen bestimmten Anteil Mehl und diverser anderer Zutaten, je nachdem, um was für einen Kuchen es sich handelt. Wenn man irgendeine Zutat weglässt, wirkt sich das unweigerlich auf das Backergebnis aus, weil dann entweder Geschmack oder Konsistenz nicht stimmen.

Ist der Kuchen einmal fertig gebacken, ist es unmöglich, das Mehl wieder von den Eiern zu trennen oder die Milch vom Kakaopulver, denn alles ist miteinander vermischt, und genau das ist es ja auch, was den Kuchen so gut macht.

Ganz ähnlich sind alle unsere unterschiedlichen Lebensbereiche miteinander verknüpft und vermischt: der geistliche Bereich, der Bereich der Beziehungen, das Emotionale und das Körperliche. Das Ganze, also der Mensch, der wir sind, ist die Summe all dieser unterschiedlichen Bestandteile. Genau so, wie man beim Kuchenbacken mit einer bestimmten Menge Mehl als Grundlage beginnt, fängt das Streben nach unseren ganz persönlichen Zielen damit an, dass Jesus der Mittelpunkt unseres Lebens ist. Und je nachdem, was für ein „Kuchen" wir werden sollen, werden dann noch weitere Zutaten hinzugefügt. Ich bin gleichzeitig Christin, Mutter, Ehefrau, Tochter, Schwester, Freundin, Seelsorgerin, Predigerin, Autorin und all das andere, was mich zu dem unverwechselbaren „Kuchen" macht, der ich bin. Alle Zutaten meines Lebens sind miteinander vermischt. Ich höre nicht auf, Mutter zu sein, wenn ich predige, und ich bin auch dann noch weiter Ehefrau, wenn ich die Kinder bade, so wie ich auch nicht aufhöre, eine Christin zu sein, wenn ich eine Auseinandersetzung mit meinem Mann habe. Ich bin all das gleichzeitig, und das alles wirkt zusammen und macht mich zu der Person, die ich bin. **Mein Leben gerät außer Kontrolle, wenn ich versuche, die einzelnen Bereiche voneinander zu trennen und in einzelne Schubladen zu packen, statt sie miteinander vernetzt und verbunden zu halten.** Ich muss zulassen, dass all die einzelnen Bestandteile, die mich als Person ausmachen, zusammenwirken, damit ich das Leben führen kann, zu dem Gott mich berufen hat.

Früher habe ich gedacht, dass ich als gute Christin immer folgende Prioritätenliste einhalten müsste:

1. Gott
2. Familie
3. Gemeinde
4. Beruf
5. Dienst/Mitarbeit
6. Freunde
7. Freizeit
8. Gesundheit/Fitness

An dieser Prioritätenliste an sich ist gar nichts auszusetzen, auch nicht an der Reihenfolge, in der ich die einzelnen Bereiche geordnet habe. Aber statt mein Leben als ein Netzwerk zu betrachten, hatte ich die einzelnen Bereiche in Konkurrenz zueinander gestellt. Ich war ständig frustriert, weil ich offenbar für keinen einzigen Punkt auf dieser Liste genug Zeit fand, nicht einmal für Gott, und das, obwohl er doch an erster Stelle stand! Da ich einfach nie genug Zeit hatte, gelang es mir so gut wie nie, einen Punkt abzuhaken und mich danach voller Zuversicht und Selbstvertrauen an den nächsten zu machen (und schon gar nicht in der „richtigen" Reihenfolge).

Der Grund, weshalb die Dinge einfach nicht in meine ordentlich konstruierten Schachteln und Schubladen passen wollten, war schlicht und einfach der, dass das Leben nun mal einfach passiert! Die Kinder wollen nicht immer ohne Protest ihr Gemüse essen oder um Punkt

20:00 Uhr ins Bett gehen oder nur Einser aus der Schule mit nach Hause bringen. Der Computer stürzt ab und die Arbeit eines ganzen Tages ist einfach futsch. Der Mann hat einen schweren Tag gehabt und möchte lieber ein Fußballspiel gucken, als sich mit Ihnen zu unterhalten. Jemand wird krank oder es passieren andere schlimme Dinge. Die Realität sieht leider so aus, dass tagtäglich Unerwartetes passiert und Störungen eintreten, und sosehr wir uns auch bemühen, alles im Griff und unter Kontrolle zu haben, können wir letztlich doch nicht jeden Augenblick des Tages steuern.

Wenn man, so wie ich damals, das Leben in Schubladen aufteilt und die einzelnen Bereiche voneinander abspaltet, dann kommt man sich irgendwann vor wie ein Clown, der mit tausend Bällen jongliert und dabei ständig damit rechnet, dass sie irgendwann alle gleichzeitig auf ihn herunterregnen. Dann denken wir, dass automatisch die Kinder zu kurz kommen, wenn wir uns darauf konzentrieren, eine bessere Ehefrau zu werden, oder dass uns weniger Zeit für die Gemeinde und für Freunde bleibt, wenn wir uns beruflich engagieren. Und nicht zuletzt, dass uns für Gott keine Zeit mehr übrig bleibt, wenn wir Zeit mit unserer Familie verbringen. Jedes Mal also, wenn wir versuchen, uns in einem Bereich weiterzuentwickeln, haben wir insgeheim Schuldgefühle, weil wir glauben, dass wir dann automatisch einen anderen Bereich vernachlässigen. Unser Leben wird zu einem einzigen Chaos, in dem verschiedenste Prioritäten um die Vorherrschaft ringen.

Gott hat das Leben niemals als einen solchen Jonglierakt gedacht, und er möchte auch nicht, dass wir befürchten, irgendetwas zu versäumen, sobald wir uns einer spezifischen Sache widmen. Die unterschiedlichen Aspekte und Bereiche unseres Lebens sollen nicht miteinander konkurrieren, weil jeder einzelne von ihnen berechtigt und nötig ist und sie alle zusammen uns als Person ausmachen.

Überfrau sein oder übernatürliche Kräfte anzapfen

Die Zeichentrickheldin Wonder Woman hat mich schon immer beeindruckt, und als kleines Mädchen habe ich sogar ein paarmal versucht, vom Garagendach zu springen. Kaum stand ich – mit wehendem Cape, die Unterwäsche über meine Jeans gezogen – dort oben auf dem Dach, fiel mir jedes Mal wieder ein, dass ich unter Höhenangst leide. Ich war fest davon überzeugt, dass für Wonder Woman nichts unmöglich wäre und dass ich – wenn ich nur diese faszinierenden goldenen Armmanschetten besäße – mühelos in ihre Fußstapfen treten könnte!

Natürlich erging es mir wie allen anderen kleinen Mädchen – meine Sehnsucht, eine Superheldin zu werden, erfüllte sich nicht. Doch sagen Sie selbst: Gibt es nicht Tage im Leben, an denen wir zu dem Schluss gelangen, dass wir eigentlich Wonder Woman sein müssten, um sie jemals lebendig zu überstehen? Manchmal kommt es uns doch so vor, als wollte jeder etwas anderes von uns: Die Kinder wollen ihr Mittagessen und zum Sporttraining gefahren werden, der Chef braucht unbedingt sofort dieses eine Protokoll, die Mutter beklagt sich, dass man sie nie besucht, die Freundin ruft an, weil es in ihrer Ehe kriselt, Rechnungen müssen bezahlt werden, es muss gekocht, geputzt und aufgeräumt werden, und wenn man dann glaubt, der Tag sei endlich vorbei und man könne unter die Bettdecke kriechen, dann wünscht sich der Mann auch noch eine aufregende Geliebte!

Das „Geheimnis", in das ich Sie gleich einweihen werde, wird sicher nicht dafür sorgen, dass solche Tage nicht mehr vorkommen (ich weiß, das ist enttäuschend), aber es kann bewirken, dass sie nicht mehr so stressig sind. Das Geheimnis (und jetzt einen Tusch, bitte!) ist: Sie brauchen keine Überfrau zu sein, sondern nur übernatürliche Kräfte anzuzapfen.

In Sprüche 31 steht die Beschreibung einer Frau, die solche übernatürlichen Kräfte nutzt. Sie ist eine großartige Ehefrau und Mutter, sie arbeitet fleißig, steht morgens früh auf und kümmert sich um die Bedürfnisse ihrer Familie. Sie ist Unternehmerin, hilft den Armen und Bedürftigen, ist immer picobello gekleidet und dabei außerdem noch weise, freundlich, stark, würdevoll und geachtet. Die Tatsache, dass diese Frau in der Bibel vorkommt – und das lange bevor es Handys, Computer und Geschirrspüler gab –, ist für mich der Beweis, dass wir viele verschiedene Herausforderungen bewältigen können, ohne einen Nervenzusammenbruch zu erleiden.

Ich kann nachvollziehen, dass manche Frauen schon müde werden und völlig fertig sind, wenn sie das „Lob der tüchtigen Hausfrau" (s. Luther-Übersetzung) lesen. Statt zu motivieren, bewirkt diese lange Liste meist nur, dass wir an all das erinnert werden, was wir *nicht* schaffen. Ich persönlich sehe in dieser Frau jedoch keine Superheldin, sondern jemanden, der begriffen hat, dass er sein Leben nur mit Gottes Hilfe meistern kann. Diese Frau weiß, dass sie gar nicht übermenschlich zu sein, sondern sich nur durch den Heiligen Geist befähigen zu lassen braucht. Durch seine Kraft, Weisheit und Ausdauer kann sie jede Aufgabe bewältigen und das ganze Potenzial entfalten, das Gott ihr zugedacht hat. Und auf diese Weise wird sie selbst und ihr ganzes Umfeld gesegnet.

Dieses reiche und erfüllte Leben ist genau das, was Gott sich für jede seiner Töchter hier auf der Erde von ganzem Herzen wünscht. Er möchte, dass wir lernen, die übernatürliche Kraft des Heiligen Geistes anzuzapfen, weil nur das uns fähig macht, alles zu tun, wozu er uns geschaffen und bestimmt hat, ohne dabei auszubrennen oder irgendwann aufzugeben. Der Heilige Geist ist der Helfer, den Jesus uns versprochen hat, der Helfer, der immer bei uns sein wird (s. Johannes 16,7). Er ist die übernatürliche Kraft, die es uns ermöglicht, allen gerecht zu werden – unseren Mitmenschen, uns selbst und Gott. Wir brauchen nicht zu resignieren, sondern dürfen voller Zuversicht unsere Ziele höher stecken – trotz schreiender Kinder, Verkehrsstaus, Terminen im Beruf, Schlafentzug, Wäschebergen und so weiter … Sie können diese Liste beliebig fortsetzen.

Das einzigartige Spektrum der Möglichkeiten und Ziele, das Gott für Ihr Leben bestimmt hat, liegt direkt vor Ihnen! Sie brauchen es nur zu ergreifen, dann wird es Ihnen unglaubliche Erfüllung schenken und gleichzeitig das Äußerste abverlangen. Sie können tatsächlich ein Leben führen, in dem Sie alles umsetzen, was Gott für Sie bereithält – vorausgesetzt, Sie begreifen, dass sich hinter diesem „Alles" ein lebenslanger Weg verbirgt und dass es sich womöglich gerade dann verlagern und verändern kann, wenn Sie am wenigsten damit rechnen.

In den folgenden drei Kapiteln soll es in erster Linie darum gehen, wie Sie eine stabile Grundlage schaffen können, um nicht vor den Herausforderungen Ihres Lebens zurückzuschrecken. In den übrigen Kapiteln möchte ich dann erläutern, wie Sie das Durchhaltevermögen und die Ausgewogenheit entwickeln können, die für dieses spannende Abenteuer nötig sind.

Egal, an welchem Punkt Ihres Lebens Sie gerade stehen, egal, woher Sie kommen und was Sie bereits erlebt haben: Gott hat sich speziell für Sie einen Weg ausgedacht, auf dem Sie zu einer Powerfrau werden, die ihre Welt verändern kann!

2

Es geht um unseren Wert

Ich war auf dem Kriegspfad. Mein Ziel: die Entrümpelung und Säuberung meines Haushaltes. Meine Waffen: Mülltüten, Kisten und ein hellwaches Auge für unnötigen Kram. Meine Opfer: jeder Gegenstand, der in den vergangenen 48 Stunden – na gut, sagen wir: 72 Stunden – nicht benutzt oder getragen worden war. Sie finden, das klingt ein wenig zwanghaft? Vielleicht ist es das. Aber Aufräumen, Sortieren und Entrümpeln ist nun mal meine Leidenschaft und ich fühle mich nach solchen Aktionen immer wie von einer schweren Last befreit!

Für diese Neigung bin ich inzwischen so berüchtigt, dass meine Lieben sogar schon einen Ausdruck dafür geprägt haben: „Die drei Phasen der CCE (Christine-Caine-Entrümpelung)". Ich will das kurz erläutern. Die erste Phase könnte man als „Entfernung von nicht identifizierten Objekten" bezeichnen. Dabei stürze ich mich zielstrebig auf jeden noch so winzigen Gegenstand, der in meinen Augen überflüssig ist. Ich denke, dass Gott mich mit einem besonderen inneren Sensor ausgestattet haben muss, denn sobald ich unser Haus betrete – selbst wenn ich mehrere Wochen nicht zu Hause gewesen und durch die ganze Welt gereist bin –, spüre ich sofort, ob sich hier irgendwo ein Objekt befindet, das bei meiner Abreise noch nicht da gewesen ist. Innerhalb von Sekunden sträuben sich meine Nackenhaare, und es ist, als würde in meinem Kopf ein Alarm losgehen, der mir befiehlt: „Achtung! Nicht identifiziertes Objekt anwesend. Jetzt … entfernen … *sofort!!*"

In einer Art zwanghaftem Gehorsam dieser inneren Stimme gegenüber bewege ich mich dann möglichst locker und unauffällig in Richtung des unerwünschten Objektes, während ich gleichzeitig allen anwesenden Personen meinen neuesten Plan zur Evangelisation des gesamten Planeten vor der Wiederkunft Christi darlege. Kaum habe ich den betreffenden Gegenstand geortet und an den richtigen Platz verbannt (normalerweise ist das die Mülltonne), verstummt der Alarm, und in meiner Seele kehren Ruhe und Frieden ein. Dieser Drang, augenblicklich für Ordnung zu sorgen, muss mir angeboren sein und ist für mich so normal und selbstverständlich wie das Atmen.

Die zweite Phase der CCE heißt „Die Rein-Raus-Entrümpelung" und ist bei den Menschen in meinem Umfeld ausgesprochen beliebt. Jedes Mal, wenn ich etwas Neues bekomme, egal, ob es sich dabei um ein Geschenk handelt oder etwas, das ich selbst gekauft habe, muss etwas anderes dafür weichen. Ich kann Ihnen gar nicht sagen, wie oft unsere Gäste das Haus mit einem Möbelstück, Geschirr, Kleidung oder anderen Gegenständen verlassen. Wenn etwas hereinkommt, dann muss dafür etwas anderes weg!

Und dann gibt es schließlich noch die berüchtigte „Massenentrümpelung". Sie tritt anfallartig auf, und wenn es wieder einmal so weit ist, besteht für jeden Gegenstand im Hause Caine, der keinen Puls hat, die Gefahr, entsorgt oder verschenkt zu werden. In meinem Denken haben Reinlichkeit und Ordnung einen ganz ähnlichen Stellenwert wie Gottesfurcht. Ich lebe nach dem Motto „Ordnung ist das halbe Leben" und bei einem solchen Lebensstil spielt die Massenentrümpelung eine zentrale Rolle. Außerdem verschafft mir so eine Aktion eine erstaunliche Befriedigung.

Am Mittag des besagten Tages war ich voll im „Massenentrümpelungsmodus". Ich hatte schon fast jeden Raum im Haus heimgesucht und dabei einen großen Haufen von Gegenständen angesammelt, derer mich zu entledigen ich gar nicht erwarten konnte. Unter anderem hatte ich Kinderkleidung, Möbel, Geräte und Spielzeug ausrangiert. Jetzt fehlte nur noch ein kleiner Bereich, damit ich unser Haus als generalentrümpelt betrachten konnte, doch das war heiliger Boden: Nicks begehbarer Schrank. Zugegeben, ganz kurz schoss mir der Gedanke durch den Kopf, dass ich mit meinen radikalen Maßnahmen vielleicht lieber warten sollte, bis Nick zu Hause war. Aber diesen Gedanken schob ich rasch beiseite, weil ich dachte, dass er nach einem langen Arbeitstag ganz sicher keine Lust mehr zum Aussortieren und Saubermachen haben würde. Außerdem ist Nick in Bezug auf meine Entrümpelungsaktionen immer ein bisschen überkritisch. Also stürzte ich mich im Geiste der Reinlichkeit in die Arbeit und warf alles, wovon ich glaubte, dass er es nicht mehr brauchte oder dass es keinen Wert hatte – Hemden, Socken, Schuhe –, auf einen Haufen, der innerhalb kürzester Zeit zu beträchtlicher Größe wuchs.

Beim Sortieren kam mir schließlich auch eine alte Taschenuhr in die Finger. *Wo um alles in der Welt kommt die denn her?*, fragte ich mich, als ich feststellte, dass sie älter war als ich und aussah, als würde sie schon seit Jahrzehnten nicht mehr funktionieren (auf die Idee, dass sie vielleicht stehen geblieben war und nur aufgezogen werden musste, kam ich nicht). Ich entschied also, dass sie nichts wert war – *sicher könnten die fünf Quadratzentimeter Platz, die sie eingenommen hat, sehr viel effektiver genutzt werden* –, und warf die Uhr einfach oben auf den herrlich großen Haufen mit Aussortiertem. Und damit war mein Feldzug beendet.

Abends kam dann Nick nach Hause, und als er noch zu den Mädchen ging, um ihnen Gute Nacht zu sagen, entdeckte er die Kisten mit aussortiertem Spielzeug und Kinderkleidung in ihrem Zimmer. Er lachte wissend, denn ihm war klar, was für ein Wirbelsturm an diesem Tag durchs Haus gefegt war. Da wir an diesem Abend zum Essen eingeladen waren und nicht mehr viel Zeit blieb, bis wir aufbrechen mussten, ging Nick gleich anschließend zu seinem Kleiderschrank, um sich noch rasch ein frisches Hemd zu holen. Nachdem er ein paar Minuten dort herumgekramt hatte, marschierte er hinunter in den Keller, wo die Sachen lagen, die ich aus seinem Schrank verbannt hatte. Offenbar befand sich darunter ein Hemd, das er wieder zurücksortieren wollte, was bei mir augenblicklich einen inneren Alarm auslöste. Ich folgte ihm also geradezu zwanghaft nach unten zu dem großen Haufen, um ihm noch einmal die Grundregeln der Massenentrümpelung zu erklären. Gerade wollte ich zu meiner „Warum-musst-du-eigentlich-allen-möglichen-Müll-horten"-Rede ansetzen, da merkte ich, wie sich erst seine Miene und dann seine gesamte Haltung veränderte. Er ließ das Hemd los, das er gerade in der Hand hielt, sodass es zu Boden fiel, und dann bückte er sich ganz langsam, um etwas aus dem Haufen herauszuholen. Es war die Taschenuhr. Mit Tränen in den Augen drehte er sich zu mir um und erzählte mir die Geschichte dieser Taschenuhr. Nick hatte eine sehr enge Beziehung zu seinem Vater gehabt, der auf tragische Weise an Nicks neunzehntem Geburtstag gestorben war. Die Taschenuhr war eines der wenigen Dinge, die Nick von seinem Vater geblieben waren, und deshalb war sie besonders wertvoll für ihn – ein kostbares Erinnerungsstück an diese enge Vater-Sohn-Beziehung. Durch meine Schuld wäre dieses unersetzliche Andenken beinahe verloren gegangen.

Was ist Wert?

Ich werde weder Nicks Miene vergessen in dem Augenblick, als er die Uhr entdeckte und aufhob, noch das schreckliche Gefühl, das ich dabei hatte. Mir war nicht klar gewesen, wie viel ihm dieses Erinnerungsstück bedeutete. In meinem wilden Aktionismus hatte ich es einfach als wertlos bezeichnet und in den Müll geworfen. Allerdings habe ich durch diesen Vorfall eine wichtige Lektion gelernt: Wenn wir den Wert von etwas nicht kennen, dann gehen wir damit oft achtlos um oder rangieren es aus.

Verzeihen Sie mir bitte, dass ich so einen kühnen Bogen von einem Gegenstand zu uns Menschen schlage, aber dieses Erlebnis war für mich eine besonders eindrückliche Illustration: So traurig es auch gewesen wäre, wenn ich einen Gegenstand entsorgt hätte, der für Nick einen so hohen ideellen Wert besitzt – es ist unendlich viel trauriger und furchtbarer, dass auf dieser Welt tagtäglich unzählige Menschen verachtet, misshandelt und ausrangiert werden, nur weil sie Frauen sind.

Wir erleben das ständig als traurige Realität in unserer Arbeit für junge Frauen aus Osteuropa, die Opfer von Menschenhändlern werden. Viele dieser jungen Mädchen stammen aus entlegenen Dörfern. Sie leben in großer Armut und glauben, ihre einzige Chance auf ein besseres Leben bestünde darin, dass sie in Westeuropa Arbeit finden. Dann werden sie von Menschenhändlern geködert, die ihnen legale Jobs versprechen, und sobald sie in ihrem Zielland ankommen, werden sie misshandelt und zur Prostitution gezwungen. In den Augen der Menschenhändler sind diese jungen Frauen lediglich eine Ware, durch deren Verkauf sie Gewinn erzielen wollen, und keine Menschen mit eigenen Hoffnungen, Träumen und Plänen. Die Frauen werden gefangen gehalten, gedemütigt, gefoltert und versklavt.

In der gesamten Weltgeschichte und in nahezu jeder Kultur und Überlieferung gibt es Beispiele dafür, wie Frauen abgewertet werden, nur weil sie Frauen sind. Der griechische Philosoph Plato beispielsweise schreibt: „Wir können dem Leiden nicht entrinnen, denn es wohnt mitten unter uns. Es ist in unseren Schwestern, unseren Müttern, unseren Ehefrauen, unseren Töchtern, unseren Geliebten, unseren Konkubinen verkörpert. Und wenn wir unser Leben in Feigheit und mit Missetaten verbringen, schickt uns Zeus als Frau noch einmal ins Leben zurück."

Ganz ähnlich schreibt sein Schüler Aristoteles, dem Plato offenbar ein wirklich „guter" Lehrer war: „Die Frau ist ein Ungeheuer, ein missgebildeter Mann, eine Missbildung, die im ganz gewöhnlichen Kern der Natur vorkommt." Und als Letztes, auch wenn es noch unzählige weitere Beispiele gibt, heißt es in einem alten jüdischen Gebet: „Dank sei dem, der mich nicht als Heiden geschaffen hat. Dank sei dem, der mich nicht als Frau geschaffen hat. Dank sei dem, der mich nicht als ungebildeten Mann oder Sklaven geschaffen hat."[1]

---

1 Loren Cunningham, David Joel Hamilton & Janice Rogers, *Why Not Women?: A Fresh Look at Scriptures on Women in Missions* (YWAM Publishing, 2000)

Leider ist dieses Frauenbild nicht Geschichte, denn obwohl sich in Bezug auf Frauenrechte in den vergangenen zweihundert Jahren in vielen Ländern sehr viel getan hat, werden Frauen auch heute noch in vielen Kulturen als das minderwertige Geschlecht betrachtet, als Menschen zweiter Klasse, als Objekte, die nur der sinnlichen Befriedigung oder der Fortpflanzung dienen, als schwache, emotionale Wesen, denen es an Intelligenz mangelt und die deshalb der Gesellschaft nichts zu geben haben. Sie werden häufig immer noch als persönlicher Besitz von Männern betrachtet, ähnlich wie Vieh, als Diener, Haussklaven und Untermenschen.

Schockierende statistische Aussagen sind unter anderen:

- In Nordafrika werden täglich 6 000 Frauen durch Beschneidung der Genitalien verstümmelt.
- In China werden alljährlich über 15 000 Frauen in die Sexsklaverei verkauft.
- In Bangladesch werden jedes Jahr 200 Frauen grausam entstellt, weil verschmähte Verehrer sie mit Säure verätzen.
- In Indien werden jährlich mehr als 7 000 Frauen von ihren Familien bzw. Schwiegerfamilien wegen Mitgiftstreitigkeiten ermordet.
- Mindestens jede dritte Frau auf der Welt wird mit großer Wahrscheinlichkeit in ihrem Leben geschlagen, zum Sex gezwungen oder auf andere Art misshandelt.

- Jede fünfte Frau wird Opfer von Vergewaltigung oder versuchter Vergewaltigung.[2]

Da ist es nicht verwunderlich, wenn es manchen Frauen eher schwerfällt, sich wertvoll und geachtet zu fühlen. Ich will diese Beispiele nicht als eine Art Emanzen-Schlachtruf verstanden wissen, sondern ich möchte damit zeigen, dass in fast allen Kulturen die Überzeugung zu finden ist, dass Frauen den Männern unterlegen und weniger wert sind. Mit dieser Information im Hinterkopf ist es vielleicht einfacher zu verstehen, wieso viele Frauen immer wieder gegen Minderwertigkeitsgefühle ankämpfen müssen.

Vor Gott sind wir gleich viel wert

Es ist unbegreiflich, dass Frauen immer noch so wahrgenommen und behandelt werden, denn so hat sich Gott die Stellung und die Rolle der Frau ursprünglich ganz sicher nicht gedacht. Als Gott die Frau schuf, war das kein nachträglicher oder zweitbester Einfall.

In der Bibel steht: *„So schuf Gott den Menschen als sein Ebenbild, als Mann und Frau schuf er sie"* (1. Mose 1,27). Der erste Mensch, den Gott schuf, hatte sowohl alle männlichen als auch alle weiblichen Eigenschaften. In 1. Mose 2 nimmt Gott dann diesen ersten Menschen

---

[2] ebenda

und gibt ihm zweierlei körperliche Gestalt, und zwar zu dem Zweck, seinen ewigen Plan mit der Erde zu verwirklichen. Ja, Gott hat Eva sogar aus demselben „Material" geschaffen wie Adam. Deshalb sagt der erste Mensch in der Bibel auch: *„Endlich gibt es jemanden wie mich! Sie wurde aus einem Teil von mir gemacht – wir gehören zusammen!"* (1. Mose 2,23). Eva war keine separate Extraschöpfung, sondern ein anderer Ausdruck derselben Schöpfung. Es ist von Anfang an klar, dass Gott weder den Mann noch die Frau als höhergestellt geschaffen hat: Sie wurden beide aus demselben Menschen geschaffen und sind deshalb gleichwertig.

Grundsätzlich sind Mann und Frau gleichwertig, aber sie sind definitiv auch unterschiedlich. *„Es ist nicht gut, dass der Mensch allein lebt. Er soll eine Gefährtin bekommen, die zu ihm passt"* (1. Mose 2,18). Beachten Sie, dass Gott hier nicht sagt: „Ich will eine Sklavin für ihn machen", oder eine „Geliebte" oder eine „Gebärmaschine". Im Luthertext finden wir das Wort „Gehilfin", und im Hebräischen wird mit diesem Ausdruck jemand bezeichnet, der stark ist. Das Wort hat keinerlei Beiklang von Schwäche. Ja, der Begriff *e´zer* wird sogar häufig verwendet, um ein Wesensmerkmal von Gott selbst zu beschreiben. Als Gott die Frau erschuf, da schuf er sie nicht als untergeordnete Befehlsempfängerin für den Mann, sondern als Ergänzung für ihn, als eine Person, die, in Verbindung mit Adam, genauso für die Umsetzung von Gottes Plänen verantwortlich war wie Adam selbst.

Als ich Christin wurde, hatte ich keine Vorstellung von meinem Wert als Frau. Ich war missbraucht worden, und das Gefühl, abgewertet und abgelehnt zu sein, hatte dazu geführt, dass ich jahrelang versuchte, mir einen gewissen Selbstrespekt zu verdienen. Ich dachte, dass ich mehr Wertschätzung erfahren und empfinden würde, wenn ich nur genug arbeitete und genügend leistete. Somit habe ich viele Jahre meines Lebens mit Aktivitäten vergeudet, die zu nichts weiter geführt haben als zu Frustration und innerer Leere.

Kaum fing ich jedoch an, mich intensiver mit der Bibel zu beschäftigen, stellte ich fest, dass Jesus in den Jahren, in denen er auf der Erde gewirkt hat, vielen Frauen wie mir begegnet ist. Und er lehnte diese Frauen nicht ab, sondern ging auf sie zu, und zwar völlig ungeachtet ihrer Vergangenheit. Er vergab ihnen, heilte sie und unterstützte und ermutigte sie in ihrem Heilungsprozess. Er gab den Frauen die Möglichkeit und den Raum zur Entfaltung und er beteiligte sie aktiv an seinem Dienst. Er behandelte sie immer mit Respekt, Würde und Anstand, also mit gleicher Wertschätzung wie Männer. Ich erkannte, dass Jesus für alle Menschen eine bedingungslose und unbeschreibliche Liebe hatte, und zwar für Männer und Frauen gleichermaßen. Es war dann genau diese Erkenntnis, die mich innerlich so sehr berührte und ergriff, dass mein eigener Heilungsprozess beginnen konnte.

Jesus hat Frauen grundsätzlich einen hohen Wert beigemessen, obwohl er in einer Kultur lebte und wirkte, in der Frauen als minderwertig und den Männern unterlegen galten. Unverheiratete Frauen durften nicht ohne ihren Vater und verheiratete Frauen nicht ohne ihren Mann das Haus verlassen (ich wäre wahrscheinlich spätestens drei Tage nach der Hochzeit gesteinigt worden!). Außerdem mussten sie doppelt verschleiert sein, wenn sie sich an einem öffentlichen Ort aufhielten, und es war ihnen nicht erlaubt, mit Männern zu sprechen, die sie nicht kannten. Trotz dieser gesellschaftlichen Normen beteiligte Jesus die Frauen mutig an seinem Leben und seinem Dienst.

Es gibt in der Bibel keinen einzigen Bericht darüber, dass Jesus Frauen gemieden oder sie ausgeschlossen hätte, wenn er lehrte oder predigte. Und es wird nirgends dokumentiert, dass er erst Männer geheilt hätte, bevor er sich dann herabließ, auch ein paar Wunder an Frauen zu tun. Seine Arme waren offen für alle, seine Heilung war für alle da, die sie annehmen wollten; sein Wirken stand allen zur Verfügung, die ihn hören wollten. Ja, wir erfahren, dass Jesus Frauen sogar Leitungsaufgaben in seinem Dienst übertrug: *„Bald darauf zog Jesus durch viele Städte und Dörfer. Überall sprach er zu den Menschen und verkündete die rettende Botschaft von Gottes neuer Welt. Dabei begleiteten ihn seine zwölf Jünger und einige Frauen, die er von bösen Geistern befreit und von ihren Krankheiten geheilt hatte. Zu ihnen gehörten Maria aus Magdala, die er von sieben Dämonen befreit hatte, Johanna, die Frau des Chuzas, eines Beamten von König Herodes, Susanna und viele andere. Sie waren vermögend* *und sorgten für Jesus und seine Jünger"* (Lukas 8,1-3). Außer den zwölf Jüngern zogen diese Frauen mit Jesus mit und sie waren von entscheidender Bedeutung für die Finanzierung der Arbeit und des Dienstes von Jesus. Und ich bin mir ganz sicher, dass das manchen der damaligen religiösen Führer ein Dorn im Auge war!

In Johannes 4 ist nachzulesen, wie Jesus mit einer Samariterin ins Gespräch kommt. Das war eine Art doppelter Fauxpas, und zwar erstens, weil er mit einer Frau redete, und zweitens, weil sie dazu noch eine „unreine" Samariterin war – die Juden hassten nämlich die Samariter und verachteten sie. Aber Jesus ignorierte solche sozialen und kulturellen Barrieren einfach. Er bat die Samariterin nicht nur, ihm Wasser zu schöpfen, sondern er sprach sie auch ganz konkret auf ihre momentane Lebenssituation an und zeigte ihr, wie sie sich von der Sünde, in der sie lebte, abwenden konnte. Er betrachtete sie als wertvoll, und ihm lag so viel an ihr, dass er sich um ihre Seele kümmerte. Und um dem Ganzen dann die Krone aufzusetzen, offenbarte er sich ihr schließlich auch noch als der ersehnte Retter des Volkes Israel. Das ist der erste aufgezeichnete Bericht, in dem Jesus irgendjemandem verrät, dass er der Messias ist – und dazu suchte er sich ausgerechnet eine ausgestoßene *Frau* aus Samarien aus!

In Johannes 8 erfahren wir, wie Jesus eine Frau rettet, die gesteinigt werden soll, weil sie beim Ehebruch ertappt worden ist. In Lukas 7 erweckt Jesus den einzigen Sohn einer Witwe vom Tod und gibt ihr dadurch

Hoffnung und eine Zukunft. Da ist es eigentlich nicht besonders überraschend, dass diese Frauen die ersten Verkünderinnen des Evangeliums werden!

Das Verhalten von Jesus gegenüber Frauen war revolutionär, und wir können wahrscheinlich nur erahnen, wie abstoßend und skandalös die meisten Leute das damals fanden. Aber warum verhielt sich Jesus dann so? Es wäre auf jeden Fall viel einfacher für ihn gewesen, wenn er sich an die Sitten, Gebräuche und Normen der damaligen Zeit gehalten hätte. Tatsache ist jedoch, dass Jesus *alle* Menschen wieder mit dem Vater versöhnen wollte, nicht nur die Männer. Im Galaterbrief steht: *„Ihr gehört zu Christus, weil ihr auf seinen Namen getauft seid. Jetzt ist es nicht mehr wichtig, ob ihr Juden oder Griechen, Sklaven oder Freie, Männer oder Frauen seid: In Christus seid ihr alle eins"* (Galater 3,27-28).

Für Jesus war (und ist) das Geschlecht kein Thema. Er beschenkt und bevollmächtigt uns alle, ungeachtet von Rasse und Geschlecht. Die gesamte Menschheit, egal, ob männlichen oder weiblichen Geschlechts, ist für Gott gleich wertvoll. Das zeigt sich auch daran, dass Gott seinen einzigen Sohn, Jesus Christus, als Opfer für uns alle hingegeben hat. Es könnte keinen größeren Ausdruck seiner Liebe zu uns geben und dafür, wie kostbar und wertvoll wir für ihn sind.

Wahrer Wert bleibt

Anfang der 1990er-Jahre sorgte ein besonderer Fund bei den Kunstinteressierten auf der ganzen Welt für großes Aufsehen. Ein Gemälde von Caravaggio, einem der berühmtesten und einflussreichsten Barockmalers Italiens, das über 200 Jahre lang verschollen gewesen war, wurde an der Wohnzimmerwand eines Jesuiten in Dublin wiederentdeckt. Es handelte sich um das Gemälde *Die Gefangennahme Christi,* von dem seit Ende des 18. Jahrhunderts jede Spur gefehlt hatte. Durch eine Reihe spannender Ereignisse, die mit einer zufälligen Entdeckung zweier Studenten in Rom begann und mit dem Besuch eines alten Kunstwissenschaftlers bei dem Jesuitenpriester in Dublin endete, wurde das Bild wiedergefunden.

Jahrelang hatte man dieses Bild irrtümlich für eine Kopie des besagten Meisterwerkes und deshalb für wertlos gehalten. Es war durch mehrere Hände gegangen, bis es schließlich in der Wohnung des Jesuiten gelandet war. Als es dort dann entdeckt wurde, stand zunächst noch nicht eindeutig fest, dass es sich tatsächlich um das Original handelte. Doch nachdem Schichten von Schmutz und altem Firnis behutsam entfernt worden waren, zeigte sich die hohe technische Qualität des Gemäldes ganz deutlich, und das war dann letztlich der Beweis, dass dieses Gemälde tatsächlich das Originalmeisterwerk von Caravaggio war, welches er 300 Jahre zuvor geschaffen hatte. Daraufhin bekam das Bild, das bis dahin als wertlos betrachtet worden war, einen unschätzbaren Wert, und man wird es sicher nie wieder für minderwertig oder wertlos halten.

Für Gott sind *Sie* sein Meisterwerk, kostbar und von unschätzbarem Wert, auch wenn Sie sich vielleicht eher wie ein minderwertiges Produkt oder eine Gebrauchtware fühlen. Sie sind vielleicht verletzt worden, haben sich durch falsche Entscheidungen selbst geschadet oder wurden schlecht behandelt von Menschen, die nicht begriffen haben, wie wertvoll Sie sind. Doch alle diese Umstände haben nie etwas daran geändert, dass Sie für Gott unvergleichlich kostbar sind. In den Jahrzehnten, in denen das Gemälde von Caravaggio an der alten, feuchten Wand hing, haben viele Leute es angeschaut, ohne auch nur zu ahnen, dass es in Wirklichkeit ein unersetzliches Kunstwerk war. Es musste jemand mit geübtem Blick und Fachwissen kommen, um das zu erkennen und das Bild wieder in seinen ursprünglichen Zustand zu versetzen.

Sosehr Sie auch das Gefühl haben mögen, von unzähligen Schichten überzogen zu sein, von Dreck und Schmerz – es ist immer schon Gottes Plan gewesen, Sie an den Punkt zu bringen, an dem er Sie ursprünglich haben wollte. Er hat Sie im Blick, seit Sie gezeugt wurden und im Leib Ihrer Mutter zu wachsen begannen, und er hat sich schon immer gewünscht, Sie wieder in das Bild zurückzuverwandeln, das er von Ihnen hatte, als er Sie schuf ... sein eigenes Bild. Erst, wenn Sie Ihren wahren Wert erkennen, können Sie anfangen, alles auszukosten und zu verwirklichen, was Gott für Sie bereithält ... denn manchmal ist dazu gar nicht mehr nötig als die tiefe innere Gewissheit, dass Sie es wert sind.

3

Es geht um unsere Bestimmung

Man hätte meinen können, wir stünden vor einem der sieben Weltwunder. Um mich herum redeten alle so ehrfürchtig und leise, dass ich überzeugt war, sie würden soeben eine tief greifende geistliche Erfahrung machen. Zwar musste ich zugeben, dass dieses Ding geradezu überirdisch funkelte (keine Ahnung, wie man es schaffen konnte, etwas so blitzblank zu putzen). Außerdem war ich sicher, dass man diesen strahlenden Glanz, den es annahm, wenn die Sonne im richtigen Winkel darauf fiel, auch irrtümlich für die Gegenwart Gottes halten konnte. Aber sosehr ich mich auch bemühte und aus welcher Perspektive ich es auch betrachtete, ich konnte nichts anderes darin sehen als das, was es war: eine gigantische Gastronomie-Fritteuse.

Ich war 18 und befand mich mit meinen zukünftigen Schwiegereltern in deren Familienunternehmen, einem Restaurant, in dem es die besten Fish-and-Chips der Stadt gab. Dort teilte man mir mit, dass mein künftiger Mann bald das Geschäft übernehmen werde. Seine

Eltern waren ungeheuer stolz auf das, was sie ihm als Erbe übergeben würden, und sie hatten keinen Zweifel daran, dass ich geradezu ekstatisch auf die verheißungsvollen Zukunftsaussichten reagieren würde, die sie für uns in petto hatten. Es war der Vorabend meines Highschool-Abschlusses, und der Zweck unseres Treffens bestand darin, mir die „Flausen" auszutreiben, die ich im Kopf hatte. Ich hatte nämlich tatsächlich den Traum, zur Uni zu gehen und zu studieren. Während mir nun das Familienunternehmen präsentiert wurde, gab man mir unmissverständlich zu verstehen, dass diese Hochzeit nur dann stattfinden würde, wenn ich meinen verrückten Plan fallen ließ. Damals war es nämlich noch so, dass eine griechische Ehefrau nicht gebildeter sein durfte als ihr Mann; das gehörte sich einfach nicht (jedenfalls nicht in dieser Familie). Und wozu brauchte ich denn auch ein Studium und noch mehr Bildung, um das zu tun, was sie für meinen Lebenszweck hielten, nämlich mich fortzupflanzen und den Haushalt zu führen? In ihren Augen war es völlig undenkbar, dass eine berufliche Karriere es auch nur annähernd mit der Perspektive aufnehmen konnte, die Frau ihres Sohnes zu werden.

Während sie alle ohne Punkt und Komma redeten und ihre Begeisterung über die herrliche Fritteuse gar nicht zügeln konnten, schien es mir plötzlich, als würde meine Seele meinen Körper verlassen. Die Stimmen der Anwesenden traten in den Hintergrund, und ich hörte nur noch den Dialog, der in meinem Kopf ablief. Vor meinem inneren Auge standen zahlreiche Möglichkeiten, und der Gedanke, dass ich mich jetzt endgültig entscheiden musste zwischen Ehe und Familie (was ich beides gerne haben wollte) und einem College-Abschluss (der mir wirklich sehr wichtig war), überforderte mich völlig.

Einerseits hatte jedes meiner weiblichen Vorbilder in meiner Familie auf ein Studium verzichtet und sehr jung geheiratet, und sie schienen auch alle ganz zufrieden damit zu sein, ihre Kinder großzuziehen und sich um den Haushalt zu kümmern. All diese Frauen waren doch eigentlich ein lebender Beweis dafür, dass ein erfülltes Leben möglich war, wenn ich jetzt schon heiratete, oder nicht? Ich sehnte mich danach, eine eigene Familie zu haben, und vielleicht würde ich später nie wieder so eine Chance bekommen, wenn ich diesen Antrag jetzt ablehnte.

Andererseits hatte ich nie wirklich das Gefühl gehabt, dass dieses vorgegebene Lebensmodell zu mir passte. Schon als ganz kleines Mädchen hatte ich lieber gelesen als mit Barbies gespielt, ich hatte mich mehr für Fußball als für Ballett interessiert und lieber Turnschuhe getragen als Pumps. Meine Mutter hatte immer zu mir gesagt: „Warum kannst du nicht so sein wie die anderen Mädchen, Christina? Wieso kannst du nicht normal sein und dir wünschen, was alle sich wünschen?"

Ein weiterer Punkt, der mir zu schaffen machte, war die Frage, welche Auswirkungen es wohl für meine Familie haben würde, wenn ich Cons Heiratsantrag ablehnte. Würde ich sie blamieren und Schande über sie bringen? Würde ich sie verletzen, wenn ich ihrer Kultur und Tradition den Rücken kehrte? War der Wunsch, meine eigenen Träume zu verwirklichen, es wert, mich mit meiner Familie zu zerstreiten, die ich doch eigentlich heiß und innig liebte? Um hier nicht falsch verstanden zu werden: Es war nicht so, dass meine Familie mich von vornherein eingeschränkt oder versucht hätte, mir meine Pläne auszureden. Aber ich war nun mal die Tochter griechischer Einwanderer, und in der griechischen Kultur und Tradition gab es strenge Vorgaben und Benimmregeln dafür, was sich für eine Frau gehörte und was nicht. Diese Erfahrung hat sicherlich nicht jedes griechische Mädchen gemacht, doch für mich traf das jedenfalls zu.

Trotz dieser starren Rollenfestlegung wurde ich das Gefühl nicht los, dass ich zu einem ganz bestimmten Zweck auf der Welt war, und zwar zu einem Zweck, der genauso einzigartig war wie ich selbst. Und während ich so ganz in Gedanken in dem Fish-and-Chips-Restaurant stand, wurde mir klar, dass dies ein folgenschwerer Moment war. Ich musste mich für eine der beiden Möglichkeiten entscheiden, und ganz gleich, welche Entscheidung ich auch traf, sie würde mein Leben ein für alle Mal verändern.

Als ich diese Geschichte viele Jahre später ein paar jungen Frauen aus meinem Büro erzählte, amüsierten sie sich sehr darüber, dass ich im Alter von nur 18 Jahren zwischen Ehe und Studium hatte wählen müssen.

Ja, Natalie, eines der amerikanischen Mädchen aus meinem Team, ist sogar mit genau entgegengesetzten Erwartungen groß geworden. Ihre Mutter hat ein Studium absolviert und ist eine erfolgreiche Geschäftsfrau, und laut der Aussage ihrer Tochter hat sie „noch nie in ihrem Leben einen Besen in die Hand genommen, ein Bad geputzt oder eine Maschinenladung Wäsche gewaschen". Es war völlig selbstverständlich gewesen, dass Natalie nach der High School aufs College gehen würde. Hätte sie den Wunsch geäußert, gleich nach ihrem Schulabschluss zu heiraten, um mit 18 Hausfrau und Mutter zu werden, dann hätte man darüber die Nase gerümpft und ihr heftig ins Gewissen geredet.

An beiden Erfahrungen – meiner und Natalies – wird deutlich, dass ein Großteil unserer Vorstellungen davon, wozu wir als Frauen auf der Welt sind und welche Möglichkeiten uns offenstehen, durch unsere Erziehung, Tradition, Herkunft und die Erwartungen unserer Eltern geprägt ist. Tatsache ist aber auch, dass wir uns von alldem nicht einschränken lassen dürfen, wenn wir in unserem Leben das verwirklichen wollen, was Gott für uns bereithält. Wir sollten uns bemühen, den Willen Gottes für unser Leben herauszufinden.

Die Bibel lehrt ganz klar, dass Gott in jeden Menschen einen Lebenssinn, ein Ziel und eine Bestimmung hineinlegt. In Prediger 3,11 steht: *„Für alles auf der Welt hat Gott schon vorher die rechte Zeit bestimmt. In das Herz des Menschen hat er den Wunsch gelegt, nach dem zu fragen, was ewig ist."*

Da Sie dieses Buch lesen, kann ich wohl davon ausgehen, dass Sie den Wunsch haben, möglichst viel aus Ihrem Leben zu machen. Ich möchte Ihnen darum einen besonders wichtigen Grundsatz verraten, der Ihnen dabei helfen wird: Wir müssen uns davon überzeugen, dass die Ziele, die wir anstreben, tatsächlich der Bestimmung entsprechen, mit der Gott uns geschaffen hat. Wenn das nicht der Fall ist, werden wir nie wirklich erfüllt und zufrieden sein. Ich glaube, dass ich damals den Heiratsantrag von Con letztlich deshalb nicht angenommen habe, weil ich irgendwie das Gefühl hatte, dass es noch mehr geben musste. Zwar wusste ich nicht, wie dieses „mehr" aussah, und ich hätte mir niemals träumen lassen, dass ich einmal das tun würde, was ich heute tue. Aber ich fühlte mich innerlich dazu gedrängt, mich von den Klischees und den Erwartungen zu lösen, die mich bis dahin geprägt hatten, und die umfassende Bestimmung zu entdecken, die Gott in mein Leben gelegt hat. Und genauso müssen auch Sie wirklich ganz sicher sein, dass Sie sich nicht mit weniger zufriedengeben als damit, Gottes Plan und Ziel für Ihr Leben zu verwirklichen.

Ihr einzigartiger Lebensentwurf

Es ist kein Zufall, dass Gott jedem Menschen ein unverwechselbares Merkmal gegeben hat, das ihn von jedem anderen Menschen, der lebt und jemals gelebt hat, unterscheidet: den Fingerabdruck. Selbst eineiige Zwillinge sind nicht völlig identisch, obwohl sie genetisch genau gleich sind, denn auch sie haben unterschiedliche Fingerabdrücke. Ich glaube, das ist eines der Dinge, durch die Gott uns daran erinnern will, dass jeder von uns ein Original ist, eine einzigartige Persönlichkeit mit einem einzigartigen Zweck. In Psalm 139 heißt es:

„Du hast mich geschaffen – meinen Körper und meine Seele, im Leib meiner Mutter hast du mich gebildet. Herr, ich danke dir dafür, dass du mich so wunderbar und einzigartig gemacht hast! Großartig ist alles, was du geschaffen hast – das erkenne ich! Schon als ich im Verborgenen Gestalt annahm, unsichtbar noch, kunstvoll gebildet im Leib meiner Mutter, da war ich dir dennoch nicht verborgen. Als ich gerade erst entstand, hast du mich schon gesehen. Alle Tage meines Lebens hast du in dein Buch geschrieben – noch bevor einer von ihnen begann!" (Psalm 139,13-16).

Ich liebe diese Verse. Genauso, wie Gott uns einzigartige Fingerabdrücke schenkt, hat er auch für jeden von uns einen einzigartigen Lebensentwurf.

Leider kommen viele Frauen nie auf die Idee, nach ihrer eigenen, individuellen Bestimmung zu suchen, weil sie so sehr damit beschäftigt sind, sich an den Lebensentwürfen anderer zu orientieren, oder sie sogar nachahmen wollen. Das ist ebenso töricht und sinnlos wie die Versuche von Aschenputtels Schwestern, ihre großen Füße in den gläsernen Schuh zu quetschen, der Aschenputtel gehörte. Erinnern Sie sich an die Geschichte? Die Schwestern versuchten verzweifelt, eine Karriere zu machen, die überhaupt nicht für sie vorgesehen war. In ihrer Not griffen sie zu extremen Mitteln – in der Originalfassung des Märchens schneiden sie sich nämlich sogar ein Stück ihrer Zehen bzw. der Ferse ab, um in den Schuh zu passen! Falls Sie das jetzt furchtbar eklig finden, sollten Sie sich fragen: Greifen nicht auch wir hin und wieder zu ziemlich drastischen Maßnahmen, damit wir das Designerkleid, das um 75 Prozent reduziert ist – und drei Nummern zu klein ist –, anziehen können?

Vergleichen bringt nichts

Eine Verhaltensweise, mit der wir uns immer wieder selbst ein Bein stellen, ist unsere Neigung, unsere eigene Einzigartigkeit geringzuschätzen und stattdessen ein Abklatsch von einer Person werden zu wollen, die wir bewundern. Wir schauen auf andere Frauen, die wir toll finden, und anstatt einige Grundprinzipien in deren Leben zu erkennen und sie für unser eigenes Leben abzuwandeln, versuchen wir, genauso zu werden wie sie. Das führt letztlich nur zu Frustration, denn die Schuhe, die den anderen passen, sind nun mal nicht für uns gemacht!

Ich erinnere mich noch ganz genau, wie ich einmal nach einer beruflich besonders strapaziösen Zeit so erschöpft war, dass ich anfing, mich danach umzuschauen, wie andere Frauen ihr Christsein lebten. Ich wünschte mir einen geregelten Tagesablauf und ein ganz normales Leben, in dem ich mehr als nur ein paar Tage pro Monat in meinem eigenen Bett schlief und nicht jeden zweiten Tag in ein Flugzeug steigen musste.

Eigentlich wusste ich gar nicht so genau, wie ein „normales Leben" aussieht oder sich anfühlt, doch ich redete mir ein, dass so ein Leben sicher sehr viel einfacher sein musste als das, welches ich führte. (Ist es nicht erstaunlich, wie wir immer wieder glauben, dass das Gras auf der anderen Seite des Zaunes grüner sei?) Und außerdem konnte es doch nicht Gottes Wille sein, dass ich ständig so überlastet war und mich unwohl fühlte, oder? Wenn ich gemäß der Bestimmung lebte, die Gott mir zugedacht hatte, dürfte ich doch nicht so erschöpft sein, sondern müsste vor Energie und guter Laune förmlich aus den Nähten platzen, oder etwa nicht? Ich beschloss, dass es für Christine Caine, die viel beschäftigte Predigerin, Lehrerin, Ehefrau und Mutter, Zeit war, *alles* zu ändern. Da ich mit meinem eigenen Lebensentwurf nicht mehr zufrieden war, würde ich es mal mit dem von jemand anderem probieren.

Die neue Christine entschied sich also, mit dem Backen anzufangen! Als ich Catherine eines Morgens zur Schule brachte, sah ich, wie eine andere Mutter ihrer Tochter ein Blech mit selbst gebackenen Keksen für eine

Geburtstagsfeier mitgab. Sofort nahm ich mir vor, ebenfalls eine Mama zu sein, die ihre Töchter mit selbst gebackenen Keksen beglückt. Ich weiß noch gut, wie ich dachte: *Wenn ich nicht so oft beruflich unterwegs sein müsste, wäre ich bestimmt die beste Hausfrau der Welt. Ich meine, bei all dem griechischen Blut, das in meinen Adern fließt, ist es da nicht geradezu genetisch festgelegt, dass ich eine außergewöhnliche Begabung fürs Backen besitze?*

Um nicht gleich allzu übermütig zu werden, besorgte ich mir erst einmal eine Backmischung, zu der ich nur ein Ei, etwas Öl und Wasser hinzufügen musste. Das konnte doch nicht so schwer sein, oder? Ich brauchte schließlich nur diese simplen Anweisungen zu befolgen:

1. *Den Ofen vorheizen.* Ich hatte den Ofen noch nie benutzt, also stellte schon das ein kleines Problem dar. Nachdem ich jedoch ungefähr zwei Minuten lang auf verschiedene Knöpfe und Schalter gedrückt hatte, ging der Backofen mehr oder weniger zufällig an. Erledigt.
2. *Ein Ei, Öl und Wasser zu der Backmischung hinzufügen und alles miteinander verrühren.* Damit ich beim Abmessen der Flüssigkeiten mit einem Esslöffel keinen Fehler machte, nahm ich lieber von beiden eine ganze Tasse voll. Aber was für Öl sollte ich nehmen? Ich hatte vier verschiedene Sorten im Kühlschrank, und weil ich Griechin bin, entschied ich mich für ein kräftiges Olivenöl. Erledigt.

3. *Kleine Häufchen des Teiges auf ein Backblech setzen.* Das machte richtig Spaß. Erledigt.
4. *Anschließend die Kekse 12 Minuten backen.* Kein Problem. Ich stellte den Kurzzeittimer auf 12 Minuten. Erledigt.

Jetzt brauchte ich nur noch zu warten, bis der Timer piepste. Als ich mich danach aufs Sofa setzte, war ich sehr stolz auf mich. Meine Töchter hielten ihren Mittagsschlaf und ich backte; so würde künftig ein typischer Tag in meinem Leben aussehen. Genau in diesem vor Zufriedenheit strotzenden Moment kam ein Signal von meinem Blackberry und ich beantwortete die eingegangene E-Mail. Rückblickend erinnere ich mich schon daran, dass es da irgendwie ein bisschen verbrannt roch, aber ich schrieb einfach weiter. Nach einiger Zeit gingen plötzlich die Rauchmelder los, und meine Küche sah aus, als wäre eine Dampflok hindurchgefahren. Meine Töchter kamen erschrocken die Treppe herunter, und ich rannte schnell mit ihnen hinaus ins Freie, wo ich betroffen zuschaute, wie der Rauch zum Küchenfenster hinausquoll. Als ich so weinend dastand und mich wie eine komplette Versagerin fühlte, wurde mir klar, dass sich soeben jede Chance, dass ich jemals ehrenamtlich in der Schulcafeteria mitarbeiten würde, buchstäblich in Rauch aufgelöst hatte!

Am Abend dieses Tages, nachdem ich die Mädchen ins Bett gebracht hatte, hörte ich ganz deutlich, wie Gott mich fragte: „Wer genau versuchst du eigentlich zu sein?" Da setzte ich mich hin, um ein bisschen Zeit mit ihm zu verbringen und mir von ihm zeigen zu lassen, was in den letzten Tagen schiefgelaufen war. Und Gott erinnerte mich daran, dass er Christine Caine als unverwechselbare Persönlichkeit gemacht hat, die sich von jedem anderen Menschen auf diesem Planeten unterscheidet, und dass es völlig in Ordnung, ja, sogar seine Absicht ist, dass ich einzigartig bin. Ich spürte, wie Gott zu mir sagte: „Der Grund, weshalb du nicht genauso bist wie jemand anders, besteht darin, dass ich nicht noch einen ‚jemand anders' brauche, sondern ich brauche genau dich!" Sofort fühlte ich mich, als wäre mir eine große Last von den Schultern genommen worden, und ich begriff, dass ich auch ohne hervorragende Backkünste genau die Frau sein kann, die Gott sich gedacht hat, als er mich schuf. Ich war nur deshalb unzufrieden mit meinem Leben geworden, weil ich auf die Lebensentwürfe anderer geschielt hatte, statt mich ganz auf meine eigene Bestimmung zu konzentrieren.

Ich habe aus dieser Erfahrung gelernt, dass nichts Gutes dabei herauskommt, wenn wir unsere einzigartige Berufung mit der eines anderen Menschen vergleichen. Im 2. Korintherbrief steht: *„Wir würden es natürlich niemals wagen, uns mit denen zu vergleichen, die sich überall selbst empfehlen, oder uns gar auf eine Stufe mit ihnen zu stellen. Wie unverständig sie doch sind! Sie stellen ihre eigenen Maßstäbe auf, um sich dann selbst daran zu messen"* (2. Korinther 10,12). Da wir doch sicherlich nicht unverständig sein wollen, sollten wir lieber danach streben, Gottes Lebensentwurf für uns zu entdecken und ihn dann umzusetzen. Wir sind für unseren eigenen Weg bestimmt und nicht für den von jemand anders.

Und wie findet man seine individuelle Bestimmung heraus?

Also, es hat ja keinen Sinn, noch länger um den heißen Brei herumzureden: Falls Sie es nicht schon nach der Geschichte von meinem Backdesaster gemerkt haben, werde ich Ihnen jetzt anvertrauen, dass ich nicht gerade die klassische Küchenfee bin ... Und um die Liste der Posten, für die ich wohl kaum die richtige Besetzung wäre, noch ein wenig zu erweitern, nenne ich hier noch ein paar Punkte: Lobpreisleiterin (ich bin völlig unmusikalisch), Wrestling-Star (was für eine absurde Vorstellung) und Profi-Basketballspielerin (wie ich bereits erwähnt habe, bin ich nur knapp 1,60 Meter groß). Seltsamerweise habe ich jedoch im Laufe meines Lebens irgendwann einmal Ambitionen auf jedem dieser drei Gebiete gehabt, obwohl sie der Art, wie ich gestrickt bin, so gar nicht entsprechen.

Es gibt kaum etwas Frustrierenderes, als sich krampfhaft zu bemühen, etwas zu tun oder zu werden, wozu man einfach nicht geschaffen ist. Und dabei ist es eigentlich gar nicht so kompliziert, unsere eigene, unverwechselbare Bestimmung zu entdecken. Sie werden herausfinden, dass Ihre Bestimmung normalerweise mit Ihren Gaben, Talenten und Herzenssehnsüchten zu tun hat.

Gott möchte durch uns diese verlorene und kaputte Welt anrühren und er hat jeden von uns auf ganz besondere Weise dazu ausgerüstet. Im Grunde sind unsere Talente, Leidenschaften und Begabungen so etwas wie eine Landkarte, mit deren Hilfe wir unseren eigenen, einzigartigen Lebensentwurf entdecken können.

Ich für mein Teil kann mich genau an eine Phase erinnern, in der ich verzweifelt versucht habe herauszufinden, was meine ganz konkrete Bestimmung ist. Ich redete und redete und redete ... und dann fiel mir noch etwas ein, das ich unbedingt loswerden musste. Erst, als eine meiner Mentorinnen zu mir sagte: „Äh, Christine, bei dem gewaltigen Wortkontingent, über das du offenbar verfügst, glaubst du da nicht auch, dass du wahrscheinlich zur Rednerin bestimmt bist?", kam mir der Gedanke: *Was? Redet denn nicht jeder so schnell und mit so viel Nachdruck wie ich? Ist nicht jeder so leidenschaftlich bei der Sache, wenn es darum geht, stundenlang über das Wort Gottes zu diskutieren?* Langsam wurde mir klar, dass genau die Dinge, für die ich eine Leidenschaft und eine natürliche Begabung habe, zu der einzigartigen Bestimmung gehören, mit der Gott mich geschaffen hat.

Ob ich dann sofort wusste, was das im Einzelnen hieß, und konkrete Schritte unternommen habe? Ganz und gar nicht, sondern es war ein Prozess, der immer noch andauert. Sobald ich im Vertrauen auf Gott einen neuen Schritt vorwärts mache, zeichnen sich die verschiedenen Aspekte meiner Berufung noch ein bisschen deutlicher ab. Ich glaube, das ist eines der spannendsten Merkmale unserer ganz individuellen Bestimmung – sie ist ein Abenteuer, bei dem wir jeden Tag etwas Neues erleben.

Wenn es Ihnen schwerfällt, Ihre ganz persönlichen, einzigartigen Gaben zu erkennen, können Ihnen die folgenden 15 Fragen vielleicht eine Hilfestellung geben. Gehen Sie anhand dieser Fragen all Ihre Herzenswünsche und Sehnsüchte durch, und versuchen Sie, die Träume, die Gott Ihnen ins Herz gelegt hat, von den „Das-wäre-auch-toll"-Fantasien zu trennen. Überlegen Sie:

1. Was kann ich schon seit meiner Kindheit besonders gut?
2. Was gelingt mir mühelos, wovon andere sagen, dass es ihnen schwerfällt?
3. Worüber rede ich ständig mit anderen und wobei helfe ich anderen immer wieder?
4. Was glaube ich selbst, wozu mich Gott geschaffen hat?
5. Wofür habe ich die größte Leidenschaft?
6. Was macht mich am meisten betroffen und welche Probleme auf dieser Welt würde ich am liebsten auf der Stelle lösen?
7. Über welche Themen kann ich stunden- und tagelang reden, ohne dass meine Begeisterung nachlässt?

8. Welche biblischen Wahrheiten und Themen berühren mich am meisten und haben am meisten mit meinem Leben zu tun?
9. Was waren die größten Probleme, die ich bisher bewältigen musste?
10. Wie sahen meine größten Erfolge und Triumphe aus? Wieso war ich auf diesen Gebieten so erfolgreich?
11. Worüber würde ich gerne mehr erfahren, welche Themen interessieren mich?
12. Womit würde ich mich beschäftigen, wenn Geld keine Rolle spielen würde?
13. Mit welcher Art von Menschen komme ich leicht in Kontakt? In was für Menschen kann ich mich am besten hineinversetzen?
14. Was waren meine Lieblingsfächer in der Schule und in der Ausbildung?
15. Welcher Teil der Welt oder welche Kulturen faszinieren mich am meisten?

Ich glaube, wenn Sie über Ihre Antworten nachdenken – oder sogar mit gestandenen, reifen Christen in Ihrem Umfeld darüber reden –, werden Sie mehr Klarheit bekommen. Nachdem Sie diese Fragen beantwortet haben, sollten Sie überlegen, welche Schritte Sie als Nächstes tun könnten, um Ihre besonderen Interessen und die Begeisterung für bestimmte Dinge weiter zu fördern. Seien Sie sich dabei jedoch bewusst, dass Sie sich auf einen lebenslangen Prozess einlassen.

Wenn wir das einzigartige Spektrum unserer persönlichen Möglichkeiten, Ziele und Träume entdecken, wird unser Leben noch reicher und spannender als zuvor. Und wir machen schnell die Erfahrung, dass es dabei nicht nur um uns selbst geht, sondern vor allem darum, anderen zu helfen. Nach und nach erkennen wir immer deutlicher, dass unsere persönliche Bestimmung ein kleines Puzzleteilchen ist, das perfekt in Gottes großes Bild passt. Er möchte die verlorenen und verletzten Menschen auf dieser Welt durch uns berühren, und er traut uns zu, unsere Gaben zu erkennen und weiterzuentwickeln, damit wir diese atemberaubende Verantwortung wahrnehmen können. Fragen Sie sich bitte: *Wenn ich mich weigere, meine Bestimmung zu erfüllen, wer erfährt dann vielleicht nichts von Jesus? Wer bleibt vielleicht hungrig? Wer bleibt dann vielleicht versklavt, verarmt oder verlassen … und wer entdeckt niemals, dass Gott ihn ebenfalls dazu berufen hat, seine einzigartige Bestimmung herauszufinden?*

Lassen Sie uns den Entschluss fassen, unsere unverwechselbare Bestimmung zu entdecken. Es gibt nichts Spannenderes, als jeden Tag all das zu tun und zu sein, wozu wir gedacht sind, und es ist völlig überflüssig, auch nur eine Sekunde Zeit damit zu vergeuden, unseren Fuß in den gläsernen Schuh einer anderen zu quetschen … Da draußen ist nämlich eine Welt, die verändert werden muss!

4

Es geht um unsere Identität

Ich habe eine Freundin, die seit über zehn Jahren als Schauspielerin, Sängerin und Tänzerin arbeitet. Kürzlich unterhielten wir uns miteinander, und ich prustete vor Lachen, als sie mir ein paar der verrücktesten – und peinlichsten – Geschichten erzählte, die sie bei ihren Auftritten erlebt hat.

Einmal spielte sie in dem Musical *Grease* die Rolle des taffen Mädchens *Rizzo* und setzte beim Anzünden einer Zigarette aus Versehen ihre falschen Fingernägel in Brand (es war jedenfalls eindeutig zu erkennen, dass sie noch nie zuvor geraucht hatte). Bei einer anderen Aufführung desselben Musicals verhakte sich ihre Perücke in der Kulisse, als sie das Finale tanzte, und das Haarteil wurde hochgezogen, sodass es ein paar Zentimeter über ihrem Kopf zu schweben schien. Obwohl sie dadurch wie Marge Simpson aussah und das Publikum sich das Lachen nicht verkneifen konnte, musste sie weitertanzen und -singen, bis der Vorhang fiel. Bei einer anderen Gelegenheit, es war die Aufführung eines Kindermusicals, waren etwa zwanzig kleine Jungen im Zuschauerraum so fasziniert von der spannenden Geschichte, dass sie tatsächlich die Bühne stürmten, um den Bösen zu verprügeln, damit für die Figur, die meine Freundin spielte, alles gut ausging!

Am besten fand ich jedoch die Geschichte von dem Musical, in dem sich meine Freundin während der zweistündigen Spieldauer insgesamt 24 Mal umziehen musste. Sie spielte mehrere komische Rollen, von denen jede ein ganz spezielles und unverwechselbares Kostüm hatte. Jedes Mal, wenn sie auf die Bühne kam, erkannte das Publikum am Kostüm, wer sie gerade war, und nach jedem Auftritt brach hinter den Kulissen das absolute Chaos aus, weil sie sich innerhalb von 60 Sekunden von Kopf bis Fuß neu einkleiden und wieder auf der Bühne stehen musste. Eine der Figuren, die sie spielte, war ein zwanghafter Colatrinker, deshalb musste sie einmal gegen Ende des Stückes so dringend zur Toilette, dass sie unmöglich noch das Stepptanzsolo im Finale schaffen konnte, ohne sich in die Hose zu machen. Also schlüpfte sie schon in die Steppschuhe, raste den Gang entlang zur Damentoilette und zog sich unterwegs um, wobei sie gleichzeitig betete, dass niemand aus dem Publikum ausgerechnet diesen Moment wählen möge, um ebenfalls die Toilette aufzusuchen. Die Metallplatten der Steppschuhe nutzte sie, um auf dem Linoleumboden zu schliddern, damit es schneller ging.

Ich fing an zu lachen, weil ich diesen Teil der Geschichte bereits für die Pointe hielt, aber sie sagte: „Nein, warte ab, es geht noch weiter!" Und dann erzählte sie, wie sie sich vor der Szene, die den Höhepunkt der Show darstellte, wie wild die Kleider vom Leib gerissen hatte für den letzten Kostümwechsel (Nr. 24). Alles war perfekt gelaufen – bis die Bühnenarbeiter ihr sagten, das Requisit, das sie für diesen letzten Auftritt brauchte, sei nirgends zu finden. Sofort wühlten alle Anwesenden hektisch in den Requisiten und Kleidungsstücken herum, während das Stichwort für ihren Auftritt immer näher rückte. Schließlich entdeckte man das Requisit doch noch in einer Ecke. Meine Freundin schnappte es sich gerade noch so rechtzeitig, dass sie ihren Einsatz nicht verpasste ... das Problem war allerdings, dass sie in der Hektik vergessen hatte, ihre Hose wieder anzuziehen! Der schlimmste Albtraum jedes Schauspielers, nur mit Unterwäsche bekleidet auf der Bühne zu stehen, wurde in diesem Moment für sie zur peinlichen Realität!

Zuerst hatte sie keine Ahnung, wieso die übrigen Schauspieler plötzlich aufhörten zu spielen und sie entgeistert anstarrten. Sie dachte: *Was ist denn? Ich habe doch mein Requisit!* Aber dann spürte sie einen kühlen Luftzug an den Beinen, ihre Kollegen prusteten los vor Lachen und das gesamte Publikum stimmte mit ein. Mit knallrotem Kopf stammelte sie ein paar Worte, um dann von der Bühne zu huschen und kurz darauf zurückzukommen – dieses Mal jedoch *mit* ihrer Hose.

Ich fiel fast vom Stuhl vor Lachen. Obwohl ich selbst noch nie öffentlich in Unterhose aufgetreten bin, konnte ich nur zu gut nachvollziehen, wie es der Schauspielerin ergangen war. Der ständige Rollenwechsel kam mir so vertraut vor, dass ich das Gefühl hatte, sie würde eine Woche aus meinem eigenen Leben beschreiben.

Bestimmt können Sie sich ebenfalls gut in diese Geschichte hineinversetzen, denn die Anzahl der Rollen, die wir Frauen an einem beliebigen Tag in unserem Leben übernehmen müssen, ist bei genauerem Hinsehen schon ziemlich erstaunlich: Ehefrau, Mutter, Tochter, Schwester, Freundin, Nachbarin, Mentorin, Autorin, Chefin, Angestellte und so fort. Und es geschieht nur allzu oft, dass wir genau wie diese Schauspielerin voller Hektik auf der Bühne des Lebens herumrasen, damit wir auch ganz bestimmt all unsere Requisiten und Kostüme für die endlose Vorstellung parat haben und unser Publikum nicht enttäuschen.

Als ich über das Erlebnis meiner Freundin nachdachte, wurde mir klar, dass der häufige Kostümwechsel noch nicht einmal die größte Herausforderung darstellte – es musste weitaus schwieriger sein, die vielen unterschiedlichen Rollen auseinanderzuhalten. Wie schaffte sie es nur, in ihrem Kopf so rasch umzuschalten, ohne die verschiedenen Charaktere miteinander zu verwechseln oder zu vermischen? Als ich sie das fragte, gab sie mir eine Antwort, die auch für die vielen Rollen in unserem Alltag ein Schlüssel sein kann: Sie konnte die Rolle der letzten Figur, als die sie aufgetreten war, vollständig abschütteln, indem sie sich bewusst machte, wer sie *wirklich* war – eine Schauspielerin, die in St. Louis arbeitete –, bevor sie sich dann wieder in die nächste

Person verwandelte. Indem sie darauf achtete, sich immer wieder auf ihre eigene Identität zurückzubesinnen, war sie imstande, ihre verschiedenen Rollen voneinander abzugrenzen.

Was ist lediglich eine Rolle und wer bin ich wirklich?

Genau wie diese Schauspielerin müssen wir alle jeden Tag mehrere unterschiedliche Rollen ausfüllen … und diese Rollen können sich noch dazu in jedem beliebigen Moment ändern! Da ist es nicht weiter verwunderlich, wenn wir manchmal das Gefühl haben, unter einer multiplen Persönlichkeitsstörung zu leiden. Wir werden in so viele verschiedene Richtungen gezerrt, je nach den Forderungen, Bedürfnissen und Erwartungen der anderen. Ein gutes Beispiel dafür war die Feier zum 70. Geburtstag meiner Mutter. Innerhalb von wenigen Stunden wurde ich von verschiedenen Leuten auf die unterschiedlichste Weise wahrgenommen und charakterisiert. Für die einen war ich die einzige Tochter meiner Mutter, für jemand anders war ich Nicks Frau, für wieder andere war ich Catherines und Sophias Mutter oder aber Georges Schwester, und für meine Nichte war ich die „coole Tante, die immer so tolle Geschenke kauft". Manche alten Freunde sahen in mir das seltsame Mädchen, das so auf Religion abfährt, während einige Leute aus der Gemeinde mich für eine hervorragende

Rednerin und Autorin hielten (zugegeben, sie sind nicht wirklich objektiv, aber wer würde sich nicht über so eine Einschätzung freuen?). Und so ging die scheinbar endlose Liste meiner unterschiedlichen Funktionen und Rollen weiter. Am Ende des Abends war ich schon völlig erschöpft, wenn ich nur daran dachte, wie viele verschiedene Facetten zu meiner Persönlichkeit gehörten.

Zwar hatten die einzelnen Gäste natürlich recht, als sie mich jeweils in einer bestimmten Rolle wahrnahmen, aber Tatsache ist, dass keine dieser Rollen meine Gesamtpersönlichkeit ausmacht. Diese Erfahrung hat mich wieder neu daran erinnert, dass andere Menschen uns oft mit dem gleichsetzen, was wir tun oder für sie darstellen, anstatt zu erkennen, wer wir wirklich sind. Es fällt ihnen gewöhnlich schwer, über die Rolle hinauszublicken, die wir ihnen gegenüber einnehmen, und uns als eine vielschichtige Persönlichkeit zu sehen. So weiß ich zum Beispiel, dass Sophia sich ihre Mama nur als ihre Mama vorstellen kann und als nichts anderes, aber ich weiß auch genau, dass Nick sehr froh darüber ist, dass ich mich in der Beziehung zu ihm nicht nur wie Sophias Mama benehme.

Die einzige Möglichkeit, wie wir dauernd von einer Rolle in die andere schlüpfen können, ohne den Überblick zu verlieren, besteht darin, unser Leben so anzugehen, wie es meine Freundin in diesem verrückten Musical gemacht hat. Wenn ich an einem Tag so viele unterschiedliche „Kostüme" trage, dann muss ich dafür sorgen, dass mir ständig klar bewusst ist, wer ich wirklich bin – auch abgesehen von all den Dingen, die ich tue. Ich darf nicht zulassen, dass meine Persönlichkeit von den Rollen definiert wird, die ich im Alltag übernehme, sondern ich muss in dem Wissen, wer ich in Jesus Christus bin, diese Rollen selbst definieren.

Tief in unserem Inneren müssen wir fest davon überzeugt sein, dass keine der Funktionen, die wir ausüben, unsere Gesamtpersönlichkeit ausmacht oder uns vollständig definiert. Anders ausgedrückt, wir sind nicht das, was wir tun. Da wir aber dazu neigen, unsere Identität, unsere Bedeutung und unsere Sicherheit sowohl aus unseren Aufgaben als auch den Rollen, die wir anderen gegenüber einnehmen, zu beziehen, liegt das Hauptaugenmerk unseres Lebens oft auf reiner Funktionalität, und wir versuchen, immer mehr zu tun, statt einfach wir selbst zu sein. Das führt dann mit großer Wahrscheinlichkeit zu Frustration, Unzufriedenheit und innerer Leere.

Die Frage, die wir uns stellen müssen, lautet also: Wer bin ich *wirklich*? Denn am Ende des Tages, wenn uns niemand mehr Mami nennt, Ehefrau, Schwester, Mentorin, Chefin oder Freundin, wer sind wir dann noch? Wenn all diese Titel und Bezeichnungen wegfallen, fühlen wir uns dann immer noch wertgeschätzt und geborgen, oder kommen wir uns eher ein bisschen nackt vor, so wie die Schauspielerin in der Unterhose?

Tatsache ist, dass wir niemals ans Ziel unserer Träume gelangen werden, solange wir nicht wissen, wer wir wirklich sind. Und dieses Wissen finden wir nur in einer persönlichen Beziehung zu Jesus Christus. Unsere wahre Identität ist nicht in unserem Geschlecht begründet, nicht in unserer ethnischen Herkunft, nicht in unserem sozialen oder wirtschaftlichen Hintergrund, nicht in unserer Bildung oder in der Stufe der Karriereleiter, auf der wir uns gerade befinden. Sie liegt allein darin, wer wir in und durch Jesus Christus sind.

Für mich wurde die Frage, worin meine eigene Identität verankert ist, noch einmal höchst brisant, als ich im Alter von 33 Jahren erfuhr, dass ich als Kind adoptiert worden bin. Die Erkenntnis, dass ich gar nicht die Person war, die ich zu sein glaubte, hätte zu einem völligen Zusammenbruch führen können, wenn ich nicht ganz bewusst die Entscheidung getroffen hätte, meinen Blick und meine Gedanken darauf zu richten, wer ich in Jesus Christus bin. Ich tat genau das, was meine Freundin, die Schauspielerin, gemacht hatte, um zwischen den Kostümwechseln wieder einen klaren Kopf zu bekommen: Ich konzentrierte mich auf meine wahre Identität. Im Laufe unseres Lebens geschieht es immer wieder, dass unser Selbstwertgefühl angekratzt oder infrage gestellt wird, und die beste Möglichkeit, sich dagegen zu wehren, besteht darin, dass wir zutiefst begreifen, wer wir in Jesus Christus sind. (In meinem Buch *A Life Unleashed* habe ich ausführlich von dieser einschneidenden Erfahrung berichtet.) Ich bin sicher, dass ich diese Sache damals nicht verkraftet hätte, wenn ich nicht bereits in meinem tiefsten Inneren davon überzeugt gewesen wäre, dass meine wahre Identität allein in Jesus Christus begründet ist. Da ich mich zuvor schon ausgiebig mit Gottes Wort beschäftigt hatte, konnte ich nun auf viele Bibelverse zurückgreifen und mich an ihnen festhalten. Zum Beispiel sagte ich mir immer wieder den Psalm 139 vor, und solche Aussagen halfen mir, während dieser turbulenten Phase meines Lebens den Kopf über Wasser zu halten. Ich glaube wirklich, dass mir Jahre der Trauer, Wut, Verzweiflung, Verwirrung und sogar Therapie erspart geblieben sind durch das Wort Gottes und die Tatsache, dass ich meine wahre Identität kannte.

Wer bin ich wirklich?

Meine Tochter Catherine weiß, wer sie ist, und sie hat auch keinerlei Probleme damit, es deutlich zu zeigen! Sie war fünf Jahre alt und gerade eingeschult worden, als sie eines Tages mit einem kleinen Jungen aus ihrer Klasse Streit bekam. Es ging dabei um ein wirklich weltbewegendes Problem, nämlich darum, wer den Teddybär nach der Schule mit nach Hause nehmen durfte! An irgendeinem Punkt des Streites riss der Junge ihr den Teddy aus dem Arm und sagte: „Catherine, du bist dumm und hässlich!" Als ich meine Tochter nachmittags von der Schule abholte, erzählte mir ihre Lehrerin die Geschichte, weil sie so verblüfft gewesen war über Catherines Reaktion auf diese Attacke. Die Lehrerin hatte beobachtet, wie Catherine, die ja gerade heftig beleidigt worden war, dem kleinen Jungen direkt in die

Augen geschaut und selbstsicher geantwortet hatte: „Nein, das bin ich nicht! Mein Papa sagt, dass ich hübsch und klug bin." Dann hatte sie sich den Teddy geschnappt, hatte auf dem Absatz kehrtgemacht und war gegangen. Ich liebe diese Geschichte – nicht nur, weil meine Tochter am Ende doch noch den Teddy bekommen hat, sondern weil daran deutlich wird, welche Kraft und Sicherheit uns das richtige Selbstbild verleiht. Catherine wusste, was ihr Papa über sie dachte, und genau das Gleiche denkt unser Vater im Himmel über Sie! Wenn Sie wissen, was das Wort Gottes über Sie sagt, dann haben Sie die Kraft und die Vollmacht, die Lügen des Feindes zu entlarven.

Genauso, wie dieser kleine Junge Catherine plötzlich und unerwartet angegriffen hat, sucht uns auch der Feind heim, und zwar nicht nur, um uns die Dinge wegzunehmen, die wir uns wünschen, sondern auch, um uns einzureden, dass wir diese Dinge gar nicht verdient hätten!

Indem er uns Beleidigungen entgegenschleudert und in unser Denken Selbstzweifel sät, versucht er, uns weiszumachen, dass wir nichts wert seien. Wenn wir uns jedoch wie ein kleines Kind darauf verlassen, dass es stimmt, was unser Vater im Himmel über uns sagt, dann sind wir mutig genug, um uns den Teddy zurückzuholen und hoch erhobenen Hauptes wegzugehen. Ohne dieses grundlegende Vertrauen auf Gottes Wort werden wir nicht in der Lage sein, all das zu verwirklichen und zu erreichen, was Gott für uns bereithält.

Deshalb möchte ich Ihnen empfehlen, dass Sie sich die folgenden Bibelverse, die von unserer wahren Identität in Jesus Christus handeln, abschreiben. Nehmen Sie sich lauter kleine Post-it-Zettel (Ich bin ziemlich sicher, dass eine der verloren gegangenen Seligpreisungen von Jesus lautete: *Selig ist der Post-it-Zettel, denn er ist eine unschätzbare Hilfe beim Einprägen biblischer Wahrheiten*) und kleben Sie sie auf alle verfügbaren Flächen – an den Spiegel, damit Sie über diese Verse nachdenken können, wenn Sie sich die Lippen nachziehen, im Auto in die Mitte des Lenkrads, damit Sie sie im Stau nachlesen können, in die Nähe Ihres Computers am Arbeitsplatz, damit Sie zwischendurch immer wieder Mut schöpfen können, und direkt über den Toilettenpapierhalter, damit Sie sogar auf dem stillen Örtchen über die richtigen Dinge meditieren können! So werden Sie ständig daran erinnert, wer Ihr Vater ist, zu welcher Familie Sie gehören und was Ihre wahre Identität ausmacht – und dadurch verändert sich schließlich die Art und Weise, wie Sie sich selbst sehen.

Ich bin ein Kind Gottes

Aus Liebe zu uns hat er schon damals beschlossen, dass wir durch Jesus Christus seine eigenen Kinder werden sollten. Dies war sein Plan, und so gefiel es ihm *(Epheser 1,5)*.

Ich bin durch Gnade gerettet

Denn nur durch seine unverdiente Güte seid ihr vom

Tod errettet worden. Ihr habt sie erfahren, weil ihr an Jesus Christus glaubt. Dies alles ist ein Geschenk Gottes und nicht euer eigenes Werk. Durch eigene Leistungen kann man bei Gott nichts erreichen. Deshalb kann sich niemand etwas auf seine guten Taten einbilden *(Epheser 2,8-9)*.

Ich lebe für Gott
Das gilt genauso für euch, und daran müsst ihr festhalten: Ihr seid tot für die Sünde und lebt nun für Gott, der euch durch Jesus Christus das neue Leben gegeben hat *(Römer 6,11)*.

Ich gehöre Gott
Für sie gebe ich mein Leben hin, damit ihr Leben ganz dir gehört *(Johannes 17,19)*.

Ich bin ein neuer Mensch
Gehört jemand zu Christus, dann ist er ein neuer Mensch. Was vorher war, ist vergangen, etwas Neues hat begonnen *(2. Korinther 5,17)*.

Ich bin eine Königstochter
Ihr aber seid ein von Gott auserwähltes Volk, seine königlichen Priester, ihr gehört ganz zu ihm und seid sein Eigentum. Deshalb sollt ihr die großen Taten Gottes verkünden, der euch aus der Finsternis befreit und in sein wunderbares Licht geführt hat *(1. Petrus 2,9)*.

Ich bin mit Gott versöhnt
Denn Gott ist durch Christus selbst in diese Welt gekommen und hat Frieden mit ihr geschlossen, indem er den Menschen ihre Sünden nicht länger anrechnet. Gott hat uns dazu bestimmt, diese Botschaft der Versöhnung in der ganzen Welt zu verbreiten *(2. Korinther 5,19)*.

Ich bin frei
Wenn euch also der Sohn Gottes befreit, dann seid ihr wirklich frei *(Johannes 8,36)*.

Ich bin von jeder Schuld freigesprochen
Trotzdem wissen wir inzwischen sehr genau, dass wir nicht durch Taten, wie das Gesetz sie von uns fordert, vor Gott bestehen können, sondern allein durch den Glauben an Jesus Christus. Wir sind doch deshalb Christen geworden, weil wir davon überzeugt sind, dass wir allein durch den Glauben an Christus von unserer Schuld freigesprochen werden; nicht aber, weil wir die Forderungen des Gesetzes erfüllen. Denn wie die Heilige Schrift sagt, findet kein Mensch durch gute Werke Gottes Anerkennung *(Galater 2,16)*.

Ich bin auserwählt
Schon vor Beginn der Welt, von allem Anfang an, hat Gott uns, die wir mit Christus verbunden sind, auserwählt. Wir sollten zu ihm gehören, befreit von aller Sünde und Schuld *(Epheser 1,4)*.

Mir ist vergeben
Seid vielmehr freundlich und barmherzig, und vergebt einander, so wie Gott euch durch Jesus Christus vergeben hat *(Epheser 4,32)*.

Ich habe eine Bestimmung
Weil wir nun zu Christus gehören, hat Gott uns schon im Voraus als seine Erben eingesetzt; denn was Gott einmal beschlossen hat, das führt er auch aus *(Epheser 1,11)*.

Ich werde ewig leben
Durch den Glauben an Christus sind wir mit ihm auferstanden und haben einen Platz in Gottes neuer Welt *(Epheser 2,6)*.

Ich bin geschaffen, um gute Werke zu tun
Gott hat etwas aus uns gemacht: Wir sind sein Werk, durch Jesus Christus neu geschaffen, um Gutes zu tun. Damit erfüllen wir nur, was Gott schon im Voraus für uns vorbereitet hat *(Epheser 2,10)*.

Ich bin zur ewigen Herrlichkeit berufen
Gott aber, von dem ihr so viel unverdiente Güte erfahrt, hat euch durch Jesus Christus zugesagt, dass er euch nach dieser kurzen Leidenszeit in seine ewige Herrlichkeit aufnimmt. Er wird euch ans Ziel bringen, euch Kraft und Stärke geben, sodass ihr fest und sicher steht *(1. Petrus 5,10)*.

Ich bin eine Siegerin
Aber dennoch: Mitten im Leid triumphieren wir über alles durch die Verbindung mit Christus, der uns so geliebt hat *(Römer 8,37)*.

Ich brauche keine Angst zu haben
Dies alles habe ich euch gesagt, damit ihr durch mich Frieden habt. In der Welt habt ihr Angst, aber lasst euch nicht entmutigen: Ich habe die Welt besiegt *(Johannes 16,33)*.

Ich bin nie allein
Ich lasse dich nicht im Stich, nie wende ich mich von dir ab *(Hebräer 13,5b)*.

Ich bin angenommen
Gott spricht jeden von seiner Schuld frei und nimmt jeden an, der an Jesus Christus glaubt *(Römer 3,22)*.

Solange wir nicht genau wissen, wer wir in und durch Jesus sind, werden wir uns verzweifelt bemühen, jede Herausforderung zu bewältigen und jeden Traum zu verwirklichen, um unsere Identität in solchen Erfolgen zu suchen anstatt in Jesus selbst.

Identitätsdiebstahl

Unsere Identität zu kennen ist aber erst die halbe Miete, denn wir müssen sie nicht nur kennen, sondern auch schützen. Ich bekam kürzlich einen ziemlich verzweifelten Anruf von meiner Freundin Alex. Sie erzählte mir, dass jemand ihre Kontonummer herausgefunden hatte und jetzt von ihrem Konto Überweisungen und Zahlungen vornahm. Sie war Opfer eines Identitätsdiebstahls geworden, der am schnellsten zunehmenden Straftat in den USA.

In den darauffolgenden Wochen hatte Alex nichts als Ärger, weil sie weder reisen noch ihre Kreditkarten benutzen noch an Geldautomaten Geld abheben konnte, bevor sie eindeutig bewiesen hatte, dass sie tatsächlich die Person war, die sie behauptete zu sein. Dass sie praktisch keine Identität hatte, wirkte sich auf jeden Lebensbereich aus und schränkte sie in vielerlei Hinsicht ganz erheblich ein.

Alex hat aus dieser Erfahrung die Konsequenz gezogen, dass sie alles in ihrer Macht Stehende tut, um zu verhindern, dass so etwas noch einmal passiert. Ganz konkret heißt das, dass sie ihre persönlichen Daten besonders gut schützt. Sie hat neue Passwörter für ihre Konten, sie schreibt nicht mehr ihre Telefonnummer auf ausgestellte Schecks, sie gibt keine Kreditkartendaten im Internet preis, es sei denn, es handelt sich um eine sichere Website, sie ist äußerst vorsichtig, wenn sie am Bankautomat Geld abhebt, und sie bewahrt persönliche Dokumente entweder an einem sicheren Ort auf oder schickt sie durch den Reißwolf. Das klingt vielleicht ein bisschen paranoid, aber im Grunde trifft sie lediglich alle nötigen Vorsichtsmaßnahmen, um ihre Identität zu schützen.

Genauso ist es auch von entscheidender Bedeutung, dass wir uns mit allen Mitteln davor hüten, dass uns jemand unsere Identität in Christus raubt. In der Bibel heißt es: *„Der Dieb kommt, um zu stehlen, zu schlachten und zu vernichten"* (Johannes 10,10). Eben deshalb ist es so wichtig, sich immer wieder diese Post-it-Zettel anzuschauen!

Man kann natürlich auch eine Liste mit Bibelversen irgendwo in einer Schublade haben, aber diese Verse werden uns nur etwas nützen, wenn wir sie auswendig wissen und uns in kritischen Momenten darauf besinnen können. Wir sollten alles tun, was in unserer Macht liegt, um die Identität zu schützen, die Jesus mit seinem eigenen Blut bezahlt hat, sonst riskieren wir, dass uns der Feind unsere wahre Identität stiehlt, während wir eifrig damit beschäftigt sind, uns eine falsche Identität „zurechtzuzimmern".

Es stimmt zwar, dass der Feind kommt, um zu stehlen, zu schlachten und zu vernichten, aber er kann uns nur das wegnehmen, was wir uns wegnehmen lassen. Wenn wir ganz genau wissen, wer wir in Jesus Christus sind, dann wird uns nichts und niemand diese innere Sicherheit rauben können. Wenn wir hingegen unsere Identität an etwas anderem festmachen, kann es schnell geschehen, dass wir ins Schwimmen geraten, sobald sich unsere Lebensumstände ändern.

Lassen Sie mich näher erklären, wie ich das meine. Im Laufe unseres Lebens besteht immer wieder die Gefahr, dass wir uns in irgendeiner Rolle verlieren. Manche Frauen gehen zum Beispiel völlig in ihrer Mutterrolle auf, und wenn die Kinder dann groß sind und ausziehen, wissen sie plötzlich nicht mehr, wozu sie eigentlich auf der Welt sind. Andere wiederum verfolgen ihre beruflichen Pläne mit großem Ehrgeiz, und dann sorgt eine unerwartete Firmenübernahme dafür, dass sie über Nacht ihren Job und damit auch ihr Image verlieren. In dem Moment, in dem durch unser Tun bestimmt wird, wer wir sind, sind wir letztlich in dieser Rolle gefangen und versäumen die vielfältigen Möglichkeiten, die Gott für uns bereithält. Es kann in jeder Lebensphase passieren, dass wir in so eine Falle tappen, deshalb ist es so wichtig, dass wir in dieser Hinsicht besonders gut achtgeben!

Vielleicht beziehen wir unsere Identität, unsere Bedeutung und unsere Sicherheit auch aus unserem Aussehen oder aus Designerklamotten. Wenn wir dann altern und manche Körperteile anfangen, Richtung Süden zu wandern, kann es zu einer Identitätskrise kommen, weil wir nicht mehr wissen, wer wir ohne einen perfekten Körper oder ohne teure Klamotten sind. Wir haben den Blick von Jesus abgewandt und suchen den Sinn und Zweck unseres Lebens in falschen Dingen. Wenn unsere Identität hingegen in Jesus verankert ist, dann ist uns bewusst, dass wir Königstöchter sind, ganz gleich, wie unser Körper aussieht oder welche Klamotten wir tragen.

In ähnlicher Weise, wie wir uns bemühen, unsere persönlichen Daten vor Missbrauch zu schützen, sollten wir dafür sorgen, dass wir im Trubel unseres Alltags nicht die feste, unverrückbare Grundlage verlieren, die unsere wahre Identität in Jesus Christus für unser Leben darstellt.

Um diese wahre Identität tobt ein heftiger Kampf, und vielleicht ist es genau dieser Kampf, der uns Frauen am meisten Mühe macht. Schwester, Ehefrau, Mutter, Freundin, Chefin, Mentorin, Leiterin, Tante: Solange wir leben, werden wir ständig unterschiedliche Rollen innehaben. Dabei geschieht es nur allzu leicht, dass wir uns zu sehr auf unsere Funktionen, unseren Titel, unseren Status oder unsere Leistung konzentrieren. Und wenn das über einen längeren Zeitraum so geht, dann ist die Wahrscheinlichkeit ziemlich groß, dass wir irgendwann eine schwere Identitätskrise erleben werden.

Lassen Sie uns vermeiden, dass es jemals so weit kommt, indem wir es so machen wie die Schauspielerin am Anfang des Kapitels. Nehmen wir uns doch die Zeit, einen Moment innezuhalten, auf die Stimme Gottes zu hören und uns daran zu erinnern, wer wir *wirklich* sind, sonst geraten wir durch den ständigen Kostümwechsel irgendwann so durcheinander, dass wir vielleicht tatsächlich in der Unterhose aus dem Haus gehen!

5

Es geht um Einfachheit

Ich glaube, selbst wenn ich mir eine Stunde lang den Kopf zerbrechen würde, könnte ich Ihnen nicht sagen, wie oft ich schon geflogen bin. Ich weiß nicht, wie oft ich schon mein Ticket geholt habe, durch den Sicherheitscheck gegangen bin, die Zollformalitäten erledigt und das Boarding hinter mich gebracht habe. Von diesen zahllosen Reisen waren allerdings nur wenige so frustrierend wie die, von der ich Ihnen jetzt erzählen möchte. Es war frühmorgens und ein 30-stündiger Flug inklusive zwei Zwischenlandungen mit längeren Aufenthalten lag vor mir. Aber ich hatte einen schönen, heißen Kaffee in der Hand, darum war das Leben schön, obwohl ich so früh hatte aufstehen müssen. Das Ticketziehen und Einchecken meines Gepäcks war reibungslos vonstattengegangen und jetzt war ich unterwegs zum Sicherheitscheck. Und von diesem Moment an nahm das Drama seinen Lauf. Die Schlange vor den Sicherheitskontrollen war ungewöhnlich lang, aber ich bin ja ein geduldiger Mensch (und außerdem hatte ich meinen Kaffee), also war das nicht weiter schlimm. Je weiter ich jedoch in der Schlange vorrückte, desto lauter wurde das allgemeine Schimpfen um mich herum. Ein Mann vor mir sagte etwas über neue Sicherheitsbestimmungen, aber ich dachte mir nichts dabei, weil ich ja, wie gesagt, diese Prozedur bereits unzählige Male hinter mich gebracht hatte.

Während ich meine Schuhe auszog, lächelte ich noch und hoffte, dass ich für die missmutigen Leute um mich herum ein kleiner Lichtblick sein könnte, doch dann wurde ich von einem der Security-Mitarbeiter angehalten. Das heißt, eigentlich war eher ich diejenige, die abrupt anhielt, denn der uniformierte Mann griff nach meinem Kaffeebecher! Zum Glück konnte ich selbigen gerade noch rechtzeitig wegziehen, ohne dass es ihm gelungen war, Hand an diesen Himmelsnektar zu legen. Ich wollte schon sagen: „Ich ziehe es vor, meinen Kaffee nicht mit Fremden zu teilen", da erklärte er mir, er müsse den Becher mit Kaffee entsorgen, bevor ich durch den Sicherheitscheck gehen könne. *Was?!*, dachte ich. *Ich soll einen noch nicht fertig ausgetrunkenen Kaffee wegwerfen?* Also, das ging eindeutig zu weit! Um meinem lautstarken Protest zuvorzukommen, informierte mich der Angestellte rasch darüber, dass es einige neue Sicherheitsvorschriften gab, die unter anderem besagten, dass keine Flüssigkeiten mit in den Sicherheitsbereich genommen werden durften.

Ich stand also vor der Wahl, entweder den Kaffee in einem Zug hinunterzustürzen oder den vollen Becher wegzuwerfen. Stirnrunzelnd wog ich die beiden Alternativen gegeneinander ab: *Ich stehe diesen Tag auf gar keinen Fall ohne meine gewohnte Dosis Koffein durch, und der Kaffee im Flugzeug schmeckt, als würde er in einem Aschenbecher serviert. Aber dieser Kaffee ist immer noch viel zu heiß, um ihn in einem Zug leer zu trinken.* Ich entschied, dass eine verbrannte Zunge keine Option war, denn ich sollte unmittelbar nach meiner Ankunft einen Vortrag halten. Folglich ließ ich den Becher – wenn auch sehr zögerlich – in einen großen Müllbehälter fallen. Ich würde ja gern von mir behaupten, ich hätte es geschafft, den „Kaffeepolizisten" dabei freundlich anzulächeln, aber ich bin mir ziemlich sicher, dass dieses Lächeln eher wie ein Zähnefletschen rüberkam.

Danach ging ich durch den Metalldetektor und schnappte mir ganz schnell meine Schuhe, in der Hoffnung, vor dem Boarding noch schnell einen neuen Kaffee auftreiben zu können. Als ob er die Dringlichkeit meines Vorhabens an meinem Verhalten abgelesen hätte, nahm mir ein anderer Security-Mitarbeiter diensteifrig mein Handgepäck ab und bat mich, ihm an einen Tisch zu folgen, wo er meine Sachen kontrollieren würde. Bevor ich überhaupt reagieren konnte, hatte der Mann bereits meine Tasche geöffnet und ging den Inhalt durch. Mit leichter Missbilligung hielt er eine Dose Haarspray hoch und sagte: „Tut mir leid, aber das können Sie nicht mitnehmen." Und ohne dass ich auch nur den Hauch einer Chance zum Verhandeln gehabt hätte, war die Dose bereits – *rums!* – in einer großen Tonne bei den Habseligkeiten anderer argloser Reisender gelandet.

Ein wenig verblüfft dachte ich: *Na gut, ich komme ja vielleicht ohne meinen Kaffee aus, aber ich kann nach einer 30-stündigen Reise nicht hinter das Rednerpult einer großen Halle treten, ohne vorher mein Haarspray zu benutzen! Sieht der Kerl denn nicht, wie platt meine Frisur jetzt schon ist? Wenn ich statt einem Mann eine* Frau *vor mir hätte, würde sie meine Notlage ganz bestimmt verstehen.* Und dann sah ich, wie der Security-Mitarbeiter nach meiner Handcreme griff. *Bitte, nicht die Handcreme! Meine Hände werden auf langen Flügen immer so rau. Ohne die Creme kann ich unmöglich überleben.* Rums! – verschwand ein weiterer Gegenstand in dem scheinbar bodenlosen Abgrund!

Und nun geschah das Unfassbare: Der dreiste Kerl holte meinen „Diesen-oder-keinen"-Lippenstift heraus. Das konnte unmöglich sein Ernst sein. Als ich sah, wie er das kostbare Utensil über der Öffnung des Müllbehälters losließ, lief vor meinen Augen plötzlich alles wie in Zeitlupe ab. „Neeeeeiiiiin!", schrie ich und machte dabei einen Satz nach vorne, um das gute Stück noch zu retten, doch es war zu spät. Ein unerbittliches *Rums!* verkündete, dass mein Lippenstift für immer verloren war. „Tut mir leid, gnädige Frau, aber so sind nun mal die Bestimmungen", erklärte der Mann nüchtern, während er den Reißverschluss meiner Tasche wieder zuzog, sie mir zurückgab und sich den nächsten Flugpassagier vornahm.

Dieses Erlebnis hatte dafür gesorgt, dass meine Laune endgültig auf den Gefrierpunkt gesunken war. Während ich zum Gate trottete, überlegte ich, wie ich die verlorenen Gegenstände ersetzen sollte, aber da hatte ich noch keine Ahnung, dass dies erst der Anfang der Abwärtsspirale gewesen war! 30 Stunden später kam ich in Norwegen an, wo ich am Flughafen gerade noch genug Zeit haben würde, um mein Gepäck abzuholen, bevor ich zu dem Kongress weiterfahren und meinen Vortrag halten musste. Leider hatten sich meine Koffer jedoch für eine andere Flugroute entschieden! Da stand ich nun also in Trainingsanzug und Tennisschuhen und in einer Stunde sollte ich eine Bühne betreten und zu Hunderten von Menschen sprechen. Und das, ohne mich vorher mithilfe von Haarspray, Lippenstift und Handcreme ein bisschen aufgebrezelt zu haben – ja, ich konnte mich nicht einmal vorher umziehen. Bestürzt dachte ich: *Schlimm genug, dass ich mit platten Haaren und blassen Lippen dastehen muss, aber ich kann doch unmöglich im Jogginganzug einen Vortrag halten!*

In dieser Situation blieb mir jedoch gar keine andere Wahl. Schweren Herzens überwand ich meinen Stolz, stieg aufs Podium und begann zu predigen. Als ich in Fahrt geriet, vergaß ich meine Frisur, mein Make up und meine Kleidung, und erst am Ende der Predigt, nachdem viele Leute nach vorne gekommen waren, um ihr Leben Jesus zu übergeben, fiel mir wieder ein, wie viele Gedanken ich mir über all diese Äußerlichkeiten gemacht hatte. Ich dachte: *Ich hätte zwar lieber in frisch gebügelten Kleidern und mit perfektem Make-up hier vorne gestanden, aber offenbar war das alles nicht unbedingt notwendig, damit ich meine Aufgabe erfüllen konnte. Gott hat trotzdem heute gewirkt, und ob er mich benutzen kann, hängt ganz offensichtlich nicht davon ab, wie gut meine Frisur sitzt.* An diesem Tag habe ich eine wichtige Lektion gelernt, nämlich, dass ich mit viel weniger auskommen kann, als ich gedacht hätte! Natürlich ist es schön, wenn wir alles zur Verfügung haben, was wir uns wünschen, aber erstaunlicherweise sind manche Dinge, die wir für unverzichtbar halten, letztlich gar nicht so wichtig.

Simplify – die Kunst des Vereinfachens

Wenn wir alles erreichen und verwirklichen möchten, was Gott für unser Leben vorgesehen hat, dann müssen wir die Kunst beherrschen, unser Leben zu vereinfachen. Als Jesus seinen Dienst hier auf der Erde begann, verkündete er den Menschen in Israel, die völlig eingeschnürt waren durch eine Unmenge von Regeln und Gesetzen, eine sehr schlichte und befreiende Botschaft. Das jüdische Gesetz, das ursprünglich einmal aus zehn einfachen Geboten bestanden hatte, war bis zu dem Zeitpunkt, als Jesus öffentlich auftrat, zu einem Regelwerk aus 613 Gesetzen und Vorschriften aufgebläht worden. Könnten Sie sich auch nur ansatzweise vorstellen, tagtäglich 613 verschiedene Bestimmungen zu befolgen, die jede kleinste Kleinigkeit Ihres Alltags regeln – ganz abgesehen von der Schwierigkeit, sie alle im Kopf zu behalten? Es gab strenge Vorschriften, wie man Geschirr reinigen musste, wie man sich die Hände wusch, wie man aß, wie man Geschäfte abwickelte, wie man Gott den Zehnten gab, wie man sich in Gesellschaft benahm, und so ging es endlos weiter. Ich persönlich hätte es niemals geschafft, morgens auch nur das Haus zu verlassen, ohne bereits ein Dutzend Gesetze übertreten zu haben.

Jesus hatte Mitleid mit den Menschen, die von diesen unnötigen Lasten niedergedrückt wurden, denn es war und ist nicht Gottes Wille, dass das Leben so kompliziert und mühselig ist. Ja, in einem Disput mit den Pharisäern vereinfachte Jesus das mosaische Gesetz sogar so weit, dass er es in zwei Geboten zusammenfasste: *"‚Du sollst den Herrn, deinen Gott, lieben von ganzem Herzen, mit ganzer Hingabe und mit deinem ganzen Verstand!' Das ist das erste und wichtigste Gebot. Ebenso wichtig ist aber das zweite: ‚Liebe deinen Mitmenschen wie dich selbst!' Alle anderen Gebote und alle Forderungen der Propheten sind in diesen Geboten enthalten"* (Matthäus 22,37-40).

Können Sie sich vorstellen, dass Jesus tatsächlich gesagt hat, das *gesamte* Gesetz und die Lehren *aller* Propheten würden sich auf diese beiden Gebote reduzieren lassen? Für diejenigen, die in Mathe keine Leuchte sind, möchte ich das noch einmal ganz deutlich hervorheben: In drei Bibelversen wurden aus 613 Gesetzen zwei. Na, wenn das keine Vereinfachung ist!

Ich muss mir diese Tatsache selbst immer wieder vor Augen halten, weil ich von Natur aus ein ziemlich komplizierter Mensch bin. Ich liebe es zu analysieren ... und zwar einfach *alles*! Menschen, Situationen, Gespräche, geistliche Themen – ganz gleich, worum es sich handelt, ich zerpflücke sämtliche Dinge in ihre Einzelteile. Und wenn ich dann damit fertig bin, alles auseinanderzunehmen und zu untersuchen, verspüre ich die dringende Notwendigkeit, noch einmal von vorn zu beginnen und dieselbe Sache in einem anderen Licht zu betrachten! Nick lacht darüber, weil er nicht begreift, wie (oder wieso) jemand sich freiwillig so etwas antut. Er wird schon müde, wenn er versucht, auch nur einem einzigen meiner verschlungenen Gedankengänge zu folgen.

Tatsache ist, dass wir Frauen manchmal diesen Hang haben, Dinge unglaublich kompliziert zu machen! Wir setzen uns selbst unnötig unter Druck, um möglichst viel zu schaffen und zu leisten, und wir tun oft sehr viel mehr, als Gott von uns erwartet. Das führt dann nicht selten zu einem Gefühl von Unzulänglichkeit, zu Stress und Sorgen. Wir kommen uns vor, als würden wir uns in einem Hamsterrad abzappeln, weil unser Leben von einem beinahe zwanghaften Aktionismus bestimmt wird, der uns jedoch kaum weiterbringt. Und es lässt sich nicht vermeiden, dass unsere Freunde, unsere Familie, die Kollegen und sogar Gott darunter leiden, dass wir uns selber so viel zumuten. Kein Wunder, wenn wir uns da überfordert fühlen. Für so ein Leben sind wir nämlich einfach nicht geschaffen!

Gott möchte, dass in unserem Leben niemand zu kurz kommt – weder unsere Mitmenschen noch wir selbst. Und damit wir nicht von Stress, Sorgen und selbst auferlegten Lasten niedergedrückt werden, müssen wir lernen, bei Jesus Ruhe zu finden. Das bringt Jesus selbst ganz deutlich zum Ausdruck, wenn er sagt: *„Kommt her zu mir, alle, die ihr mühselig und beladen seid; ich will euch erquicken. Nehmt auf euch mein Joch und lernt von mir; denn ich bin sanftmütig und von Herzen demütig; so werdet ihr Ruhe finden für eure Seelen. Denn mein Joch ist sanft, und meine Last ist leicht"* (Matthäus 11,28-30; Luther-Übersetzung).

Ich verstehe diese Bibelstelle so, dass es nur möglich ist, unsere persönlichen Herausforderungen zu meistern, wenn wir bereit sind, uns von Gott das richtige Joch auflegen zu lassen. Für diejenigen, die nicht genau wissen, was ein Joch ist, möchte ich es kurz erklären: Ein Joch ist eine Art hölzerner Balken, durch den zwei Zugtiere, zum Beispiel Ochsen, miteinander verbunden werden, damit sie gemeinsam einen Pflug oder einen Wagen ziehen können. Der Begriff bezeichnet aber auch eine Holzstange, die sich eine einzelne Person über die Schultern legt und an deren Enden zwei gleich schwere Lasten befestigt werden. Mithilfe dieses Tragjochs wird das Gewicht der beiden Lasten besser ausbalanciert und verteilt, sodass die betreffende Person diese beiden Lasten länger, weiter und mit weniger Kraftaufwand tragen kann, als wenn sie mit beiden Händen jeweils eine von ihnen schleppen müsste. Indem man ein Joch benutzt, kann man also die eigenen körperlichen Grenzen erweitern.

Wenn wir uns von Jesus das richtige Joch auflegen lassen, wird der Druck gemildert, der sich in unserem Alltag so häufig einstellt. Verstehen Sie mich bitte nicht falsch: Wir müssen trotzdem noch hart arbeiten und unsere Lasten tragen, aber diese Lasten sind nicht mehr so schwer, dass wir zusammenbrechen. Wir sind nicht länger auf unsere eigene Kraft angewiesen, weil wir unsere menschliche Methode, Schwierigkeiten zu bewältigen, gegen Gottes übernatürliche Methode eingetauscht haben. Denken Sie daran, dass die Zeichentrickheldin Wonder Woman, die ich im ersten Kapitel erwähnt habe, eine erfundene Figur ist. Da es völlig zwecklos ist, einem Mythos nachzueifern, sollten wir uns lieber bewusst machen: Wir brauchen keine Überfrau zu sein, sondern wir dürfen die übernatürlichen Kräfte nutzen, die Gott uns schenken möchte. Was für eine Erleichterung!

Es ist Zeit, überflüssigen Ballast loszuwerden

Bestimmt haben Sie das auch schon mal erlebt: Sie sind endlich an der Supermarktkasse angekommen, froh, den Einkauf lebendig überstanden zu haben (besonders, wenn Kinder dabei sind). Als Sie bezahlen wollen, greifen Sie in Ihre Handtasche, aber die Tasche ist so voll, dass Sie Ihr Portemonnaie nicht finden können. In Ihrer

Verzweiflung kippen Sie schließlich den kompletten Tascheninhalt vor der Kassiererin aus und entdecken dabei lauter kostbare Antiquitäten, die aus längst vergangenen Zeiten stammen: halb gegessene Schokoriegel, Kinokarten vom letzten Jahr, ein Schnuller (Ihr jüngstes Kind ist gerade dreizehn geworden), den einen Ohrring, den Sie schon ewig suchen, und genügend Kleingeld, um damit die nächste Familienkutsche zu bezahlen.

Manchmal ähnelt unser Leben so einer vollgestopften Handtasche: Wir merken, dass wir unglaublich viele überflüssige Dinge mit uns herumschleppen. Und genauso, wie der unnütze Kram in der Handtasche unser Portemonnaie unter sich begräbt, verhindert unser innerer Ballast, dass wir all das umsetzen können, was Gott für uns bereithält. Sie fragen, was man dagegen tun kann? Ganz einfach, es ist Zeit, einiges über Bord zu werfen!

In unserem Hightech-Zeitalter, in dem fast alles auf der Welt miteinander verknüpft ist, die Massenmedien überall gegenwärtig sind und wir ständig erreichbar sein müssen und unter Termindruck stehen, sammelt sich jedoch automatisch immer neuer Ballast an, statt dass wir welchen loswerden. Solange wir keine konkreten Schritte unternehmen, bleibt die Befreiung von überflüssigen Dingen nur ein schöner Traum – genau wie der Wunsch, endlich unser Idealgewicht zu erreichen.

Sagen Sie selbst: Welche Frau hat nicht zumindest einmal in ihrem Leben krampfhaft versucht, ein paar Kilo abzunehmen? Weniger Kohlenhydrate, gar keine

Kohlenhydrate, besondere Tabletten aus gentechnisch hergestellten, Fett abbauenden Pflanzen, die ursprünglich wohl vom Mars stammen – was es auch sei, wir haben wahrscheinlich zumindest schon davon gehört, darüber gelesen oder es selbst ausprobiert! Und um von unserem Körper wieder zu unserem geistlichen Leben zurückzukehren: Es mag sich zwar toll anfühlen, wieder in die enge Jeans zu passen, aber das ist längst nicht das Wichtigste. Machen Sie sich bewusst, dass es an der Zeit ist, auch in geistlicher Hinsicht Gewicht zu verlieren! Die Bibel bringt sehr klar und deutlich zum Ausdruck, dass wir jeden Ballast loswerden sollen, der uns daran hindert, unser Ziel zu erreichen.

In Hebräer 12,1-2 steht: *„Da wir nun so viele Zeugen des Glaubens um uns haben, lasst uns alles ablegen, was uns in dem Wettkampf behindert, den wir begonnen haben – auch die Sünde, die uns immer wieder fesseln will. Mit zäher Ausdauer wollen wir auch noch das letzte Stück bis zum Ziel durchhalten. Dabei wollen wir nicht nach links oder rechts schauen, sondern allein auf Jesus. Er hat uns den Glauben geschenkt und wird ihn bewahren, bis wir am Ziel sind"* (Hervorhebung von der Autorin).

Ich glaube, dass es sich bei dem Ballast, den der Verfasser des Hebräerbriefes hier erwähnt, um Dinge handelt, die uns innerlich lähmen: Eifersucht, Neid, Sorgen, Rivalität, Wut, Unsicherheit, Groll, Verbitterung, Habgier ... und so weiter.

Es ist sehr wichtig, dass wir regelmäßig eine Bestandsaufnahme unseres inneren Zustands machen.

Nur so können wir nämlich vermeiden, dass sich der innere Ballast ebenso klammheimlich ansammelt, wie wir *ruck, zuck!* ein paar Extrapfunde auf den Rippen haben, sobald wir nicht darauf achten, uns bewusst zu ernähren und Sport zu treiben. Und genauso, wie ich regelmäßig ins Fitnessstudio gehe, um in Form zu bleiben, rufe ich mir immer wieder die folgenden fünf Grundprinzipien ins Gedächtnis, um mich auch geistlich fit zu halten:

Zu Atem kommen
Es gibt so viel zu tun … wir sind ununterbrochen beschäftigt. Fast zwanghaft beschäftigen wir uns acht Stunden täglich damit, jeden Winkel unseres Hauses zu putzen oder mit Freundinnen am Telefon zu klönen oder im Büro vor Feierabend noch jeden einzelnen Auftrag zu Ende zu bringen (auch wenn die meisten davon gar nicht so dringend sind) oder alle Socken zu bügeln, damit sie möglichst perfekt in die Sockenschublade passen. Ich glaube, wir hetzen uns häufig nur deshalb so ab, weil wir so viel Zeit mit relativ sinnlosen Tätigkeiten vergeuden. Wir müssen abwägen, welche Dinge wir weglassen können, um mehr Zeit für uns selbst zu haben, zum Auftanken und Durchatmen.

Ich merke immer wieder, dass das größte Geschenk, das ich Nick und den Mädchen machen kann, ein intaktes und gesundes Selbst ist, und die einzige Möglichkeit, das zu erreichen, besteht darin, dass ich regelmäßig seelisch und geistlich auftanke. Wenn ich zulasse, dass meine gesamte freie Zeit mit Aktivitäten ausgefüllt ist, die mich weder bereichern noch inspirieren, dann fühle ich mich über kurz oder lang völlig zerfranst. Es erfordert allerdings viel Disziplin, sich wirklich Zeit für sich selbst zu reservieren und diese kostbare Zeit dann auch klug und sinnvoll zu nutzen.

Bei manchen Frauen sieht das so aus, dass sie in dieser Zeit in einem gemütlichen Sessel sitzen, eine schöne Tasse Kaffee trinken und ein gutes Buch lesen; andere ziehen ihre Laufschuhe an und joggen eine Runde. In solchen persönlichen freien Zeiten kann man gute Musik hören, im Garten werkeln, kochen oder einfach nur auf der Terrasse oder dem Balkon sitzen und den Sonnenuntergang betrachten. Entscheidend ist, dass unsere täglichen Herausforderungen nicht unsere gesamte Zeit und Kraft verschlingen, sodass uns am Ende keine Möglichkeit mehr bleibt, um aufzutanken und uns wieder zu sammeln.

Ein wesentlicher Nebeneffekt dieses Innehaltens und Zu-Atem-Kommens besteht darin, dass Gott diese Zeit nutzen kann, um zu uns zu reden. In Psalm 23,1-3 steht: *„Der Herr ist mein Hirte. Nichts wird mir fehlen. Er weidet mich auf saftigen Wiesen und führt mich zu frischen Quellen. Er gibt mir neue Kraft. Er leitet mich auf sicheren Wegen, weil er der gute Hirte ist."* Ich bin sicher, dass wir viele Momente der Ratlosigkeit, viele Stimmungsschwankungen und einen großen Teil unserer körperlichen Erschöpfung vermeiden könnten, wenn wir uns tatsächlich die Zeit nehmen würden, in der Gegenwart Gottes zu Atem zu kommen.

Neinsagen lernen
Ich stelle immer wieder fest, dass „Nein" zu den am schwersten auszusprechenden Wörtern gehört. Vor allem wir Frauen ticken häufig so, dass wir an uns selbst zuletzt denken. Da wir alle anderen zufriedenstellen möchten, verlieren wir uns selbst aus dem Blick, was schließlich dazu führen kann, dass wir irgendwann am Bodensatz unserer emotionalen Reserven kratzen. Der springende Punkt ist meistens nicht einmal, dass wir von anderen ausgenutzt werden, sondern es liegt vielmehr daran, dass wir die Kunst des Neinsagens nicht beherrschen. Wenn wir jedoch alle unsere Träume verwirklichen und alle unsere Herausforderungen bewältigen wollen, ist es wichtig, dass wir begreifen, wann wir Nein sagen müssen.

Für mich persönlich war das gar nicht so leicht. Zum einen liegt es in meiner Natur, dass ich gerne überall mitmische, und zum anderen war ich in der ersten Zeit, nachdem ich Christ geworden bin, immer noch stark geprägt von dem Missbrauch, den ich erlebt hatte. Ich litt unter Ablehnung, Verlassenheit, Schuld- und Schamgefühlen und Unversöhnlichkeit. Weil ich mich so sehr danach sehnte, von anderen geliebt, wertgeschätzt und angenommen zu werden, hatte ich ständig Angst, jemanden zu enttäuschen. Und so wurde ich automatisch und auch ohne es eigentlich wirklich zu wollen, zu einer Person, die allen gefallen und es allen recht machen wollte. Die Bestätigung von Menschen war mir oft wichtiger als die Anerkennung von Gott. Das zeigte sich ganz praktisch daran, dass ich immer einwilligte, wenn man mich in der Gemeinde um meine Mitarbeit bat, ganz egal, welchen Preis mich das körperlich und auch hinsichtlich meiner Beziehungen kostete.

Außerdem fühlte ich mich verpflichtet, jedem Menschen, der ebenso verletzt und von negativen Erfahrungen gezeichnet war wie ich, persönlich zu helfen, und darum ließ ich mich auf viel zu viele Termine für die Seelsorge und Lebensberatung ein. Irgendwann wurde mir dann aber klar, dass ich mit dieser Grundhaltung nicht leben und auch nicht in der Gemeinde mitarbeiten konnte. Es ist einfach nicht möglich, allen Menschen immer zu gefallen und es ihnen recht zu machen. Bei mir wirkte sich diese Einstellung jedenfalls so aus, dass ich mich am Ende jeden Tages völlig ausgelaugt und leer fühlte. Das, was ich für andere tat, war zwar hilfreich und gut für sie, doch das Problem war, dass ich aus einem Bedürfnis nach Bestätigung und Annahme heraus handelte anstatt mit der Gelassenheit und Kraft einer intakten Persönlichkeit.

Ich habe ja bereits an anderer Stelle erklärt, wie wichtig es ist, dass wir unsere Identität in Jesus Christus finden. Paulus formuliert das so: *„Rede ich den Menschen nach dem Munde, oder geht es mir darum, Gott zu gefallen? Erwarte ich, dass die Menschen mir Beifall klatschen? Dann würde ich nicht länger Christus dienen"* (Galater 1,10).

Dieses falsche Verhaltensmuster setzte sich bei mir so lange fort, bis ich einsah, dass ich selber für meine

Entscheidungen verantwortlich bin, und mich auf den schwierigen Weg machte, mich mit meinen eigenen Verletzungen und meiner Zerbrochenheit auseinanderzusetzen. Ich wollte keine „hilflose Helferin" sein, und deshalb musste ich lernen, Grenzen zu ziehen und zu anderen (und auch zu mir selbst) Nein zu sagen, damit ich Ja sagen konnte zu Gott.

Bei vielen Leuten ist es auf den ersten Blick gar nicht ersichtlich, dass sie nicht Nein sagen können. Wenn Sie beispielsweise ein Haus voller Teenager haben, die alle möglichen unterschiedlichen Sportarten betreiben und zahlreichen sonstigen außerschulischen Aktivitäten nachgehen, dann kann es Ihnen über kurz oder lang so vorkommen, als ob bei Ihnen zu Hause das blanke Chaos herrscht. In manchen Familien haben die Kinder nämlich so viele Termine, dass die Familienmanagerin eigentlich eine eigene Sekretärin bräuchte, um sämtliche Verpflichtungen zu koordinieren und unter einen Hut zu bekommen! In solchen Fällen sollten wir unbedingt innehalten und uns fragen: *Bringen all diese Aktivitäten meine Kinder wirklich weiter – in geistlicher, charakterlicher oder körperlicher Hinsicht? Durch welche dieser Aktivitäten werden ihre wahren Gaben entdeckt und gefördert?* Um auch im familiären Bereich das umzusetzen, was Gott für uns bereithält, müssen wir lernen, uns von überflüssigem Ballast zu trennen.

Einfach nur ich selbst sein
Haben Sie beim Shoppen schon mal ein Outfit gefunden, das genauso aussah wie das, welches einer Ihrer Lieblingspromis erst kürzlich auf dem roten Teppich angehabt hat? Und dann ist dieses Teil auch noch drastisch reduziert! Sie kaufen es also voller Begeisterung, nur um zu Hause dann feststellen zu müssen, dass es an Ihnen ganz anders aussieht als an der spindeldürren Schauspielerin. Sie fühlen sich unwohl darin, als ob Sie gar nicht Sie selbst wären, und das liegt wahrscheinlich daran, dass dieses Outfit – so gut es auch zu der Schauspielerin gepasst hat – einfach nicht Ihr Stil ist. Ich kann ein Lied davon singen, wie oft mich ein schickes Kleidungsstück angesprungen hat, von dem sich dann beim Anprobieren herausgestellt hat, dass es für eine 1,60 Meter große Griechin nicht gerade die beste Wahl ist.

In dem Bestreben, unseren Vorbildern nachzueifern, kann es nur zu leicht geschehen, dass wir unsere Einzigartigkeit aus dem Blick verlieren. (Aus diesem Grund sollten Sie die ersten vier Kapitel dieses Buches sehr aufmerksam lesen – sie zeigen auf, welche Voraussetzungen erfüllt werden müssen, damit wir in unserem Leben mehr erreichen und verwirklichen können, als wir uns je hätten träumen lassen.) In Galater 6,4 steht: *„ Darum soll jeder sich selbst genau prüfen. Dann wird er sich über seine guten Taten freuen können, aber keinen Grund zur Überheblichkeit haben"* (Hervorhebung von der Autorin). Wenn wir unser Leben, unsere Berufung, unseren Terminkalender oder auch nur die Art, wie wir bestimmte

Dinge angehen, mit den persönlichen Umständen einer anderen Person vergleichen, werden wir nur Frustration ernten.

Meine Nachbarin beispielsweise ist eine wunderbare Hausfrau, die sich vorbildlich um ihre Kinder kümmert und Mitglied im Elternbeirat der Schule ist. Sie ist als freiberufliche Grafikerin tätig und bringt ihr Wissen und Können in die Gemeinde ein, indem sie dort einmal pro Woche ehrenamtlich mitarbeitet. Trotz all dieser Aktivitäten schafft sie es auch noch, jeden Abend ein köstliches Essen für ihre Familie zu zaubern. Was wäre, wenn diese Nachbarin nun über ihren Zaun hinweg in mein Leben schauen und auf die Idee kommen würde, dass sie zusätzlich noch all das tun müsste, was sie mich tun sieht – obwohl sie es hasst, viel zu reisen und vor anderen Leuten zu sprechen? Die Probleme wären schon vorprogrammiert, denn ihr Mann und ihre Kinder wären sicher nicht glücklich darüber, dass sie so selten zu Hause wäre. Sie selbst hätte keinen Spaß daran, dauernd unterwegs zu sein, sie könnte nicht mehr im Elternbeirat mitarbeiten, weil sie dauernd bei den Sitzungen fehlen würde, und ihre Gemeinde müsste sich wieder mit Clipart begnügen.

Und was für ein Chaos erst in meiner eigenen Familie ausbrechen würde, wenn ich versuchen würde, meiner Nachbarin nachzueifern und mich gleichzeitig für die Opfer von Menschenhandel und Sexsklaverei einzusetzen! Dieses Horrorszenario möchte ich mir lieber gar nicht erst vorstellen … Glücklicherweise hat Gott jedoch für jeden von uns einen individuellen Weg vorgesehen. Darum sollten Sie aufhören, krampfhaft über den Zaun Ihrer Nachbarin zu schielen. Akzeptieren Sie sich selbst so, wie Gott Sie geschaffen hat, und Sie werden merken, dass das Leben plötzlich viel einfacher ist!

Gott vertrauen
Wir Frauen sehnen uns nach Sicherheit und deshalb wollen wir am liebsten alles im Voraus wissen. Wir möchten wissen, wen wir einmal heiraten, wie viele Kinder wir haben werden, ob unser Mann befördert wird oder nicht … und später möchten wir dann wissen, wen unsere Kinder heiraten werden und wie viele Enkel wir bekommen! Von dem Moment, in dem wir morgens die Augen aufschlagen, bis zu unserem letzten Gedanken vor dem Einschlafen beschäftigen uns unzählige Dinge, die uns beunruhigen. Aber wissen Sie, was ich gemerkt habe? Fast nichts von alldem, worüber ich mir stunden- und tagelang den Kopf zerbrochen habe, ist jemals eingetreten. Und wenn doch, so hat Gott mir immer gezeigt, dass er größer ist als das Problem und die jeweilige Situation. Ich weiß nicht, wie viel Schlaf ich mir selbst geraubt habe, weil ich über Dinge nachgegrübelt habe, auf die ich letztlich sowieso keinen Einfluss hatte. Es hat einige Disziplin erfordert, mich dazu zu zwingen, diesen biblischen Rat zu befolgen: *„Macht euch keine Sorgen! Ihr dürft Gott um alles bitten. Sagt ihm, was euch fehlt, und dankt ihm! Und Gottes Friede, der all unser Verstehen übersteigt, wird eure Herzen und Gedanken im Glauben*

an Jesus Christus bewahren" (Philipper 4,6-7). Oft sind wir so voller Befürchtungen und negativer Gedanken, dass für das einzigartige Spektrum der Möglichkeiten, Herausforderungen und Träume, das Gott für unser Leben vorgesehen hat, gar kein Raum mehr bleibt.

Ich musste auch erst lernen, meine Sorgen und Ängste gegen den Frieden Gottes einzutauschen, und das war letztlich nur durch Gebet möglich. Ob wir Gott von ganzem Herzen vertrauen können, hängt nämlich in hohem Maße davon ab, wie viel wir beten. Im Gebet reden wir mit unserem himmlischen Vater und vertrauen ihm alles an, was uns bedrückt. Manchmal denken wir vielleicht, wir hätten absolut keine Zeit zum Beten, weil auf unserer To-do-Liste schon so viele Dinge stehen, die wir heute unbedingt erledigen müssen: die Kinder zur Schule fahren, die Kleider aus der Reinigung holen, ein paar wichtige Formulare ausfüllen, etwas Gutes kochen, damit unsere Lieben nicht verhungern ... wo sollen wir da, bitte schön, auch noch ein paar Minuten für das Gebet dazwischenquetschen? Glauben Sie mir, ich weiß genau, wie es sich anfühlt, in dieser Zwickmühle zu stecken (was ja im Übrigen genau der Grund ist, weshalb ich dieses Buch schreibe!), und ich habe lange Zeit selbst gedacht, es sei unmöglich, in meinem chaotischen Alltag eine Gelegenheit zu finden, um mit Gott zu sprechen. Doch dann habe ich etwas ganz Wichtiges entdeckt: Für das Gebet gibt es weder einen offiziellen Ort noch eine bestimmte Zeitvorgabe, sondern es soll ein Lebensstil sein!

Wenn Paulus sagt, dass wir niemals aufhören sollen zu beten (s. 1. Thessalonicher 5,17), dann meint er damit ganz offensichtlich nicht, dass wir den ganzen Tag mit gesenktem Kopf und geschlossenen Augen dasitzen und beten sollen. Nein, wir sollen vielmehr eine innere *Haltung* einnehmen, in der uns Gottes Gegenwart bewusst ist und in der wir uns ihm ganz ausliefern. Wenn wir beten, rechnen wir mit Gottes Fürsorge, statt uns auf uns selbst zu verlassen. Und indem wir ständig mit Gott verbunden sind, stellt sich schließlich auch der übernatürliche Friede ein, den nur Gott schenken kann. Denken Sie also daran: Sobald ein Problem auftaucht, ganz egal, wie groß oder klein es ist, sollten Sie einen Augenblick innehalten und mit Gott darüber reden. Gewöhnen Sie sich an, sich in jeder Situation zuallererst an *ihn* zu wenden.

Die Vergangenheit loslassen
Ich habe Ihnen ja bereits gestanden, dass ich geradezu davon besessen bin, jeden einzelnen Raum meines Hauses zu entrümpeln. In ähnlicher Weise müssen wir lernen, uns von den unsichtbaren Altlasten aus unserer Vergangenheit zu trennen. Der Apostel Paulus hat gesagt: *„Dabei ist mir klar, dass ich dies alles noch lange nicht erreicht habe, dass ich noch nicht am Ziel bin. Doch ich setze alles daran, das Ziel zu erreichen, damit der Siegespreis einmal mir gehört, wie ich jetzt schon zu Jesus Christus gehöre. Wie gesagt, meine lieben Brüder und Schwestern, ich weiß genau: Noch habe ich den Preis nicht*

in der Hand. Aber eins steht fest: Ich will alles vergessen, was hinter mir liegt, und schaue nur noch auf das Ziel vor mir. Mit aller Kraft laufe ich darauf zu, um den Siegespreis zu gewinnen, das Leben in Gottes Herrlichkeit. Denn dazu hat uns Gott durch Jesus Christus berufen" (Philipper 3,12-14).

Man kann sich nicht auf eine verheißungsvolle Zukunft einlassen, solange man von der Vergangenheit gefesselt ist. Wenn wir uns dauernd in Erinnerung rufen, wie wir enttäuscht oder verletzt wurden oder wie wir komplett versagt haben, werden wir niemals in der Lage sein, uns nach der Zukunft auszustrecken, die Gott uns schenken möchte. Manchmal klammern wir uns so sehr an frühere Gefühle und Erlebnisse, dass wir all das verpassen, was Gott hier und jetzt für uns vorgesehen hat.

Es erfordert Mut, unser Leben zu vereinfachen, indem wir uns von dem Gerümpel trennen, das sich seit Jahren in allen möglichen Ecken angesammelt hat. Ob es nun darum geht, dass wir unsere Identität an materiellen Dingen wie Kleidung oder Schmuck festmachen, oder ob es sich um schlechte Gewohnheiten, negatives Denken oder belastende Erinnerungen handelt – es ist Zeit, dass wir den Ballast loswerden, der uns daran hindert, in unserem Alltag Gottes Möglichkeiten zu entdecken. Sogar ich, die Entrümpelungsspezialistin, ertappe mich gelegentlich dabei, wie ich an Dingen festhalte, die mich im Grunde nur belasten und nach unten ziehen. Wenn ich also weiterhin das Abenteuer erleben will, das Gott sich für mein Leben ausgedacht hat, dann muss ich immer wieder den Impulsen des Heiligen Geistes folgen und klar Schiff machen. Denken Sie daran, dass vieles von dem, was wir für schicksalsentscheidend halten, letztlich gar nicht so wichtig ist. Und dann holen Sie tief Luft, und fangen Sie an, Ihr Leben von jedem überflüssigen Ballast zu befreien!

6

Es geht um Phasen

Wer macht bloß diesen schrecklichen Krach, und das schon so früh am Morgen?, dachte ich verärgert. Ich versuchte, den Lärm auszublenden, indem ich meinen Kopf unters Kissen steckte, doch das nützte nichts. Daraufhin griff ich nach einem zweiten Kissen, in der Hoffnung, dass sich das Motto „Viel hilft viel" bewahrheiten würde, und es funktionierte auch tatsächlich, aber schon nach wenigen Minuten wurde mir klar, dass ich mich entscheiden musste zwischen diesem nervtötenden Geräusch und dem Erstickungstod.

Wohl oder übel entschloss ich mich dazu, dass ich aufstehen und herausfinden würde, wessen Wecker zu so einer unchristlichen Zeit schrillte. Dann würde ich den Schuldigen mit meinem Kissen bewusstlos schlagen, den Krach abschalten und mich noch einmal für ein paar Stunden in mein Bett kuscheln. Als ich mich unter dem Kissenberg hervorwühlte, dämmerte mir allerdings, dass die Lärmquelle ... *mein* Wecker war!

Warum habe ich denn bloß den Wecker gestellt? Heute ist doch mein freier Tag!, überlegte ich. Und da fiel mir wieder ein, dass ich mich freiwillig dafür gemeldet hatte, im Gemeindehaus beim Putzen zu helfen. Etwa eine Minute lang suchte ich nach einem Grund, um anzurufen und abzusagen, doch während sich der Nebel in meinem Hirn langsam lichtete, wurde mir klar, dass ich meinen freien Tag unmöglich würde genießen können, wenn ich mein Versprechen brach. *Wahrscheinlich kann ich es gar nicht erwarten loszulegen, sobald ich einen Kaffee intus habe*, dachte ich zuversichtlich. Etwas schwerfällig stand ich schließlich auf und korrigierte mich: *Okay, vielleicht doch eher zwei Tassen Kaffee.*

Als ich kurz darauf zum Gemeindehaus fuhr, fragte ich mich, wieso um alles in der Welt ich mich eigentlich genötigt sah, meinen freien Tag mit Toilettenschrubben zu verbringen. *Dir zu dienen habe ich mir ganz anders vorgestellt, Herr*, argumentierte ich im Stillen. *Wann werde ich jemals eine Chance bekommen, all das zu tun, was mir wirklich unter den Nägeln brennt?*

Im Gemeindehaus war außer mir kein anderer freiwilliger Putzhelfer in Sicht, doch ich marschierte trotzdem unerschrocken zur Besenkammer. *Am besten fange ich mit dem Schlimmsten an, damit ich das gleich als Erstes abhaken kann*, dachte ich. Also schnappte ich mir eine Klobürste und machte mich auf den Weg zu den Männertoiletten. *Es erwartet ja wohl keiner von mir, dass ich mich auch nur in die Nähe der Urinale begebe!* Schon allein bei dem Gedanken daran wurde mir übel.

Nachdem ich ein stilles Dankgebet für den Erfinder der Einweghandschuhe zum Himmel geschickt hatte, öffnete ich die Tür zu den Männertoiletten und stieß genau in diesem unpassenden Moment mit unserem Jugendpastor zusammen. „Immer langsam!", meinte er. „Kann es sein, dass Sie sich in der Tür geirrt haben?" Ganz offensichtlich war ihm die Klobürste in meiner Hand nicht aufgefallen. Bevor ich ihm erklären konnte, in welcher wichtigen Mission ich unterwegs war, fuhr er fort: „Hey, Sie sind doch Christine, nicht wahr? Haben Sie nicht Psychologie studiert?" Ich hatte keine Chance, ihn darüber aufzuklären, dass mein Hauptfach an der Uni Geschichte gewesen war, denn er fragte unmittelbar darauf: „Hätten Sie nicht Lust, in unserem Jugendzentrum mitzuarbeiten?"

„Was für ein Jugendzentrum denn?", antwortete ich mit einer Gegenfrage.

„Das weiß ich eigentlich auch nicht so genau, aber wir haben gerade staatliche Fördergelder für die Einrichtung eines Jugendzentrums angeboten bekommen. Das Problem ist nur, dass ich in den nächsten vier Wochen auf einer Missionsreise sein werde und gar keine Zeit habe, mich um dieses Projekt zu kümmern. Und das Konzept für das Jugendzentrum muss stehen, bis ich wieder zurück bin, sonst bekommen wir die Gelder nicht. Könnten Sie das nicht für mich übernehmen?"

Beinahe hätte ich ihm gesagt, dass ich an diesem Morgen nur gekommen sei, um die Toiletten zu putzen (wieso ich mich plötzlich an diesen unerwünschten

Dienst klammerte, weiß ich selber nicht), doch stattdessen starrte ich ihn nur wortlos an. Der Jugendpastor fasste mein Schweigen offenbar als Zustimmung auf, denn er warf mir einen Pager zu, eilte zur Ausgangstür und rief mir noch über die Schulter zu: „Danke, Christine! Rufen Sie mich einfach an, wenn Sie etwas brauchen."

Was war das denn gerade?, dachte ich, die Klobürste zu meinen Füßen – ich hatte sie loslassen müssen, um den Pager aufzufangen. *Habe ich mich etwa soeben bereit erklärt, in einem Jugendzentrum mitzuhelfen? Ich habe doch nicht die leiseste Ahnung, was ich da tun muss!* Und dann wurde mir ganz schnell klar, dass ich an diesem Tag wohl nicht mehr zum Putzen kommen würde.

Ich überlegte, dass ich mich ja wenigstens schon mal mit dem Pager vertraut machen könnte, und musste zu meiner großen Verblüffung feststellen, dass das Jugendzentrum quasi aus diesem Pager bestand! Zur damaligen Zeit – es war das Jahr 1990 – waren diese Funkmeldeempfänger sehr beliebt und ersetzten häufig ein echtes Büro. Wollte jemand das Jugendzentrum erreichen, wurde der Anruf von einer Telefonistin entgegengenommen, die dem Anrufer mitteilte, dass der gewünschte Gesprächspartner gerade nicht erreichbar sei. Dann leitete sie den Namen und die Nummer des Anrufers an den Besitzer des Pagers weiter, der daraufhin zum nächsten Telefon sausen und zurückrufen musste (können Sie sich noch ganz entfernt an ein Leben ohne Handys erinnern?). Nachdem der Jugendpastor mir den

Pager anvertraut hatte, war ich nun offiziell für dieses Projekt zuständig. Und obwohl ich in der Jugendarbeit absolut nicht bewandert war, wusste ich doch mit Sicherheit, dass ein Pager noch kein Jugendzentrum ist. Aber was sollte ich tun? Zwar brannte ich darauf, die Welt zu verändern, aber ich hatte bisher noch keine große Lust gehabt, mich mit Jugendlichen abzugeben. Doch da stand ich nun mit dem Pager in der Hand, und in einem Monat würde der Pastor zurückkommen und nachschauen, was ich damit gemacht hatte.

Im Laufe der folgenden Tage besuchte ich alle Jugendzentren in unserer Stadt und merkte dabei immer mehr, wie spannend ich diese Arbeit mit all ihren Chancen und Möglichkeiten fand. Ich begriff, wie wichtig es war, junge Leute – insbesondere „gefährdete" Jugendliche – zu erreichen, indem man auf ihre Bedürfnisse einging und ihnen verschiedenste Programme bot. Mein nächster Schritt bestand darin, dass ich ein Team von ehrenamtlichen Mitarbeitern zusammenstellte. Gemeinsam begannen wir dann, Vorschläge zu erarbeiten und Briefe zu verschicken – obwohl wir eigentlich noch gar nicht richtig wussten, wohin das Ganze schließlich führen sollte. Zwei Wochen später bekamen wir ein Schreiben von einer Organisation, die bereit war, uns einige Räume sowie ein paar Möbel und einige Eimer Farbe zur Verfügung zu stellen. Wir waren sprachlos! Immer mehr Leute scharten sich um das Projekt, und im Laufe der folgenden Monate entwickelte sich alles so rasch, dass wir innerhalb kürzester Zeit ein gut besuchtes Jugendzentrum hatten.

Ehrlich gesagt, war ich selbst am meisten überrascht, wie schnell die ursprüngliche Idee Gestalt angenommen und welch positive Resonanz dieses Projekt erhalten hatte. Während meines Studiums hatte ich nie den Wunsch verspürt, mich in der Jugendarbeit meiner Gemeinde zu engagieren, sondern ich hatte vielmehr davon geträumt, durch die ganze Welt zu reisen, in unterschiedlichen Ländern zu arbeiten und mitzuerleben, wie Menschen zu Jesus fanden. Tatsache war jedoch, dass jemand mir an dem schicksalhaften Tag, an dem ich erschienen war, um Toiletten zu putzen, einen Pager zugeworfen hatte. Und da ich „zufällig" die Einzige gewesen war, die diesen Pager hatte auffangen können, war diese Aufgabe eben an mir hängen geblieben. Das Gebet „Herr, ich werde alles tun, was du willst" war in Form eines Pagers und der vagen Vorstellung von einem christlichen Jugendzentrum erhört worden.

Als junge Frau von dreiundzwanzig Jahren konnte ich damals unmöglich ahnen, wie sehr diese denkwürdige Begegnung auf der Toilette meine Zukunft beeinflussen würde. Stellen Sie sich doch nur vor, ich hätte den Pager zu unserem Jugendpastor zurückgeworfen und ihm erklärt, ich hätte nicht den Eindruck, dass ich zur Jugendarbeit berufen sei. Oder ich hätte mich nur halbherzig für dieses Projekt engagiert und die ganze Zeit darauf gewartet, dass Gott mir meine „eigentliche" Berufung zeigen würde. Irgendwie wusste ich damals jedoch ganz tief in meinem Innern, dass Gott wollte, dass ich diese Aufgabe annahm, die er mir vor die Füße gelegt hatte. Wenn ich das, was jetzt anstand, gewissenhaft erledigte, würde Gott mich eines Tages auch ans Ziel meiner Träume bringen.

Rückblickend glaube ich wirklich, dass meine Bereitschaft, Gott zu gehorchen, eine ganz entscheidende und äußerst spannende Phase meines Lebens eingeleitet hat – einen Lebensabschnitt, der mich innerlich auf viele weitere Phasen vorbereitet hat, die noch folgen sollten. Heute weiß ich, dass dieser Tag im Jahr 1990 sozusagen ein himmlisches Sprungbrett gewesen ist.

„Alles" heißt nicht „alles auf einmal"

Wenn wir das ganze Spektrum an Möglichkeiten ausschöpfen wollen, das Gott für uns bereithält, müssen wir begreifen, dass sich dieses Spektrum Stück für Stück in unserem Leben entfaltet. Gott offenbart uns jede einzelne Möglichkeit gemäß seinem perfekten Zeitplan – und dieser Zeitplan stimmt längst nicht immer mit unseren Erwartungen überein. Uns wäre es nämlich am liebsten, wenn uns alles sofort vom Himmel in den Schoß fallen würde. Kaum haben wir einen winzigen Vorgeschmack davon bekommen, was es heißt, all das umzusetzen, was Gott für uns vorgesehen hat, da wollen wir auch schon alles auf einmal erleben. Statt für jeden Lebensabschnitt dankbar zu sein und uns darüber zu freuen, dass Gott uns jetzt auf den nächsten Schritt vorbereitet, werden wir häufig ungeduldig und unzufrieden – besonders, wenn wir uns in einer unspektakulären und schwierigen Phase befinden, die scheinbar ewig dauert. Tatsache ist jedoch, dass jede einzelne dieser Phasen – unsere Ausbildung, das Leben als Single, Karriere, Ehe, Mutterschaft und sogar die Zeiten, in denen man Toiletten putzt – ein Geschenk Gottes ist. Diese Etappen sind nicht nur ein *Mittel*, um all das zu verwirklichen, was Gott für uns im Sinn hat, sondern sie sind bereits ein *Teil* davon. Das heißt, dass wir uns schon in diesem Moment innerhalb des Spektrums unserer individuellen Möglichkeiten und Herausforderungen bewegen. Wenn wir unser Leben aus dieser Perspektive betrachten, werden wir eher begreifen, auf welchem Gebiet wir gerade jetzt dazulernen sollten. Und es wird uns leichter fallen, uns auf die Herausforderungen einzulassen, vor die wir hier und jetzt gestellt werden. Wir sollten uns bewusst machen, dass jede einzelne Phase in sich selbst wertvoll ist, und gleichzeitig eine offene und erwartungsvolle Grundhaltung bewahren in Bezug auf all das, was noch vor uns liegt.

König Salomo wusste genau, wie wichtig die einzelnen Phasen unseres Lebens sind und dass es sich lohnt, möglichst viel daraus zu machen. Er schreibt nämlich: *„Jedes Ereignis, alles auf der Welt hat seine Zeit"* (Prediger 3,1).

Mir ist klar, dass man sich nicht gerade beschenkt fühlt, wenn man zum x-ten Mal an diesem Tag eine volle Windel wechselt oder in mühsamer Kleinarbeit für die Hausarbeit im Studium recherchiert und für Prüfungen lernen muss. Dasselbe gilt, wenn man als

Berufsanfängerin dauernd Überstunden schiebt oder wieder mal Brautjungfer bei der Hochzeit einer anderen ist und das Gefühl hat, man wäre der einzige noch verbliebene Single im gesamten Universum. Da kann man schon mutlos werden und vielleicht auch mal vergessen, dass man sich ja die ganze Zeit ständig auf sein Ziel zubewegt. Oft fragen wir uns: *Bringt mich all das, was ich hier machen muss, eigentlich wirklich weiter im Leben?* Es kommt uns so vor, als ob wir von Gottes Radarschirm verschwunden wären und irgendwo im Niemandsland verkümmern müssten.

Ich selbst habe jedenfalls solche Phasen erlebt, in denen ich das Gefühl hatte, mich in der entlegensten Ecke einer Wüste zu befinden. Ich habe mich dauernd gefragt, wann ich wohl jemals die Chance bekommen würde, in andere Länder zu reisen und Menschen von Jesus zu erzählen. Aber es sah so aus, als ob das, was ich mir von Herzen wünschte und herbeisehnte, niemals passieren würde. Vielleicht fühlen Sie sich ja zurzeit genauso: wie mitten in der Wüste und ohne große Hoffnung, dass Gott endlich etwas tut. Doch Sie können mir glauben, wenn ich Ihnen sage, dass Gott für die Erfüllung der Träume sorgen wird, die er Ihnen ins Herz gelegt hat!

Ob wir unsere Ziele erreichen, hängt in hohem Maße davon ab, wie sehr wir tatsächlich darauf *vorbereitet* sind, an diesen Punkt zu gelangen. Darum dient jeder Abschnitt unseres Lebens dazu, uns für spätere Phasen zu schulen. Allerdings sollten wir uns in Gedanken nicht ständig mit der Zukunft beschäftigen, sonst verpassen wir die großartigen Dinge, die Gott hier und jetzt durch uns tun will.

Das weiß ich deshalb so gut, weil ich an dem Tag, als ich zum Gemeindehaus fuhr, um dort beim Putzen zu helfen, dieses Prinzip noch nicht begriffen hatte. Ich überlegte die ganze Zeit, warum ich eigentlich meine Freizeit opferte, um Toiletten zu schrubben, wo doch meine eigentliche Leidenschaft das Predigen des Evangeliums war. Ich wollte miterleben, wie Menschen auf der ganzen Welt zum Glauben an Jesus Christus kamen, und ich hatte die feste innere Gewissheit, dass Gott mich genau in diese Art des vollzeitlichen Dienstes berufen hatte. Und das Reinigen von Toiletten war ganz sicher nicht Teil dieser Berufung. Sollte ich nicht lieber zu Hause bleiben und in der Bibel lesen und Predigten vorbereiten? Müsste ich nicht eigentlich auf meinem Bett stehen, mit einer Bürste in der Hand (und zwar keiner Klobürste) als Mikrofon, und üben, wie man Menschen einlädt, nach der Predigt nach vorn zu kommen und ihr Leben Jesus zu übergeben? Inzwischen habe ich jedoch gelernt, dass es genau die scheinbar unwichtigen, völlig unspektakulären Augenblicke im Leben sind, die Gott benutzt, um uns auf die nächste Phase vorzubereiten.

Jede Phase zählt

Ich frage mich, ob Mose wohl jemals ans Aufgeben gedacht hat. Er ist nämlich ein perfektes Beispiel dafür, dass Gott jeden Lebensabschnitt gebraucht, um uns auf Herausforderungen vorzubereiten, die größer sind, als wir uns je hätten träumen lassen. Mose stammte aus einer hebräischen Familie und wurde als kleines Baby von einer ägyptischen Pharaonentochter adoptiert. (Die ganze Geschichte finden Sie in 2. Mose 2.) Die ersten vierzig Jahre seines Lebens verbrachte er im Palast des Pharao, wo er eine hervorragende Ausbildung erhielt. Er fühlte sich innerlich dazu gedrängt, seinem Volk zu helfen, das seit über 400 Jahren unter dem Joch der Sklaverei in Ägypten lebte. Aber statt auf seine Chance zu warten, nahm Mose sein Schicksal selbst in die Hand. Als er eines Tages sah, wie ein Ägypter erbarmungslos auf einen hebräischen Sklaven einschlug, wurde Mose darüber so zornig, dass er den Ägypter umbrachte und dessen Leichnam vergrub. Der Pharao erfuhr davon und wollte Mose töten, doch dieser floh in die Wüste, nach Midian, wo er heiratete und als Hirte arbeitete. Es dauerte vier lange Jahrzehnte, bis Gott ihm dort in einem brennenden Dornbusch erschien.

Stellen Sie sich vor: Mose saß 14.610 Tage im hintersten Winkel der Wüste fest. Bestimmt hat er sich an manchen von diesen Tagen gefragt, während er im Sand kauerte und auf seine Herde aufpasste: *Wie um alles in der Welt bin ich nur hierher geraten?* Mose hätte diese

Phase seines Lebens durchaus abschreiben und als völlig sinnlos betrachten können. Obwohl die Bibel nicht viel Auskunft darüber gibt, was Mose in diesen vierzig Jahren getan hat, können wir davon ausgehen, dass er sich auch in dieser Zeit bemüht hat, Gottes Willen zu tun. Denn als Gott am Tag Nr. 14.611 aus einem brennenden Busch zu ihm redete, war Mose bereit, darauf zu reagieren. Und indem er Gottes Anweisung befolgte, hat er den Lauf der Geschichte der gesamten damals bekannten Welt verändert! Was wäre geschehen, wenn Mose aufgegeben hätte? Das Volk Israel wäre versklavt geblieben, vielleicht noch für Generationen, bis Gott eine andere Person darauf vorbereitet hätte, den Auftrag auszuführen, der eigentlich Mose zugedacht war.

Wenn wir alles erleben und erreichen wollen, was Gott für uns bereithält, müssen wir uns darüber im Klaren sein, dass es oft gerade die Wüste der Anonymität und der Ungewissheit ist, in der Gott unseren Charakter formt und uns für die nächste Aufgabe schult. Leider sind wir aber gerade in solchen Zeiten des Wartens und der Vorbereitung am anfälligsten dafür, müde zu werden und irgendwann ganz aufzugeben. Der Feind versucht, uns weiszumachen, dass unser Traum von einem erfüllten Leben überhaupt nicht zu verwirklichen sei, und wenn doch, dann lohne es sich gar nicht, so lange zu warten. Folglich geben wir uns nicht selten mit einem mittelmäßigen Dasein zufrieden, in dem wir nicht mehr mit Gottes Eingreifen rechnen. Wir denken vielleicht: *Wieso soll ich vor der Ehe keinen Sex haben, wenn ich noch gar nicht weiß, ob ich jemals heiraten werde? Was macht es schon, wenn ich im Job ein bisschen schummle, solange keiner hinschaut? Und wen interessiert es, ob ich meinen Mann und die Kinder heute mies behandle – das ändert doch auch nichts an meinem Schicksal.*

Gehen Sie dem Feind nicht in die Falle, indem Sie die einzelnen Phasen Ihres Lebens gering schätzen oder sich nicht am Heute freuen – Gott gebraucht nämlich jeden einzelnen Tag, um Sie auf eine spannende Zukunft vorzubereiten.

Im Blick behalten, was wichtig ist

Ich liebe den Sommer, und als kleines Mädchen konnte ich es immer kaum erwarten, dass es Sommer wurde. Beim ersten Anzeichen eines lauen Lüftchens fing ich an, meine Mutter anzubetteln, mit mir schwimmen zu gehen, und ich behauptete jedes Mal, dass es dazu schon warm genug sei. Wenn ich dann so vor ihr stand, lachte meine Mutter in sich hinein und deutete auf die Gänsehaut an meinen Armen und Beinen. „Christine, wenn es draußen wirklich so warm ist, wieso sieht dann deine Haut aus wie ein Reibeisen?"

Schließlich kam der Sommer aber doch, und ich genoss jeden Augenblick so sehr, dass ich immer versuchte, so lange wie möglich im „Sommer-Modus" zu bleiben. Doch sobald meine Mutter meinen Atem sehen konnte, während ich morgens auf der Veranda auf den

Schulbus wartete, war alles wieder vorbei. Dann wurden Mäntel und Schals hervorgeholt, die Sandalen und Badesachen wurden weggeräumt, und ich fing wieder an zu zählen, wie oft ich noch schlafen musste bis zum *nächsten* Sommer.

Ich frage mich, was ich wohl alles verpasst habe, während ich so verzweifelt auf den Beginn meiner Lieblingsjahreszeit gewartet oder ebenso verzweifelt versucht habe, sie so lange wie möglich festzuhalten. Kann es nicht sein, dass wir uns manchmal ganz ähnlich verhalten, wenn es um die verschiedenen Phasen unseres Lebens geht?

Wenn wir ständig den Dingen entgegenfiebern, die noch in der Zukunft liegen, oder uns ununterbrochen an Vergangenes erinnern, dann leben wir nie im Hier und Jetzt! Lassen Sie mich ein paar Tipps weitergeben, die mir persönlich dabei helfen, die Phase, in der ich mich gerade befinde, voll und ganz auszukosten und zu nutzen. So vermeide ich es, mich überallhin zu wünschen, nur nicht dorthin, wo ich gerade stehe.

Richten Sie Ihren Blick auf Jesus

Ich habe mich schon vor langer Zeit dazu entschieden, meinen Blick auf Jesus zu richten. Solange ich mich nämlich jeden Tag von Neuem an Jesus Christus, seinem Wort und seinem Willen orientiere, ergeben sich die Antworten auf manche Fragen wie von selbst. Mein Ziel ist es, in allem, was ich tue – ob als Ehefrau, Mutter, Referentin, Freundin, Tochter oder Schwester –, Jesus immer ähnlicher zu werden.

In schwierigen Zeiten hat mich diese Blickrichtung immer wieder daran erinnert, dass Gott solche Phasen benutzt, um meinen Charakter zu formen. So konnte ich mich besser auf die jeweilige Etappe einlassen – wenn auch manchmal ein bisschen widerwillig –, statt mich gegen sie zu wehren, sie abzulehnen oder zu versuchen, sie einfach zu überspringen. Ich muss gestehen, dass ich noch kein Experte auf diesem Gebiet bin, denn es hat durchaus Zeiten gegeben, in denen ich mich mehr auf den Schmerz, meine Enttäuschung oder die jeweilige Herausforderung konzentriert habe als auf Jesus. Und das hatte zur Folge, dass ich mich nicht vorwärts, sondern eher rückwärts entwickelt habe! Glauben Sie mir, es ist viel besser, den Blick auf Jesus gerichtet zu halten, und zwar ganz unabhängig davon, in welcher Phase Sie sich gerade befinden.

Hüten Sie Ihr Herz
Eine meiner Lieblingsbibelstellen ist Sprüche 4,23: *„Mehr als alles, was man sonst bewahrt, behüte dein Herz! Denn in ihm entspringt die Quelle des Lebens"* (Rev. Elberfelder Übersetzung). Das eigene Herz zu schützen ist so wichtig, dass die Bibel sogar sagt, wir sollen es *mehr als alles andere* behüten! Das Wort, das an dieser Stelle im Hebräischen steht, bezeichnet einen äußerst aggressiven Protest. Es handelt sich also nicht um die milde Abwehr, mit der Sie verhindern wollen, dass jemand einen Bissen von Ihrem Käsebrot ergattert, sondern eher um die Art von Bulldoggenhartnäckigkeit, mit der Sie

die letzten Krümel Ihrer Lieblingsschokolade verteidigen würden!

Eigentlich ist es nicht weiter verwunderlich, dass Gott uns diesen eindringlichen Rat gibt, denn alle unsere Träume, Ziele und Wünsche entspringen unserem Herzen. Wenn wir innerlich intakt sind, also mit Gott im Reinen, dann ist es nicht schwer, hinsichtlich unserer Bestimmung auf Kurs zu bleiben. Wenn wir aber zulassen, dass Gefühle wie Bitterkeit, Unversöhnlichkeit, Habgier, Angst und Sorge in unserem Herzen Wurzeln schlagen, dann verzögert sich unsere Entwicklung oder sie kommt sogar völlig zum Stillstand. Machen Sie eine Bestandsaufnahme dessen, was Sie in Ihrem Herzen horten! Gibt es Probleme, die Sie verdrängt haben? Lassen Sie zu, dass sich Gleichgültigkeit breitmacht? Trägheit? Unsicherheit? Bitten Sie doch den Heiligen Geist, jeden Bereich Ihres Herzens zu reinigen und zu heilen.

Verankern Sie Ihre Seele
Ich erinnere mich noch genau, wie ich einmal auf einem Schiff im Mittelmehr unterwegs war und plötzlich ein Sturm aufkam. Das Schiff schaukelte wie verrückt, aber der Kapitän war so ruhig, als ob er zu Hause auf seinem Sofa sitzen würde. Er hatte den Anker geworfen, und solange der Anker hielt, wusste er, dass mit seinem Schiff alles in Ordnung war. Das Vertrauen, das er auf dieses relativ unscheinbare Stück Metall setzte, war für mich eine große Beruhigung, denn obwohl ich auf Flugreisen schon manche Turbulenzen er- und überlebt hatte, war

ich absolut unerfahren, was das Meer betraf. Folglich war diese kleine Schiffsreise die perfekte Veranschaulichung von Hebräer 6,19: *„Diese Hoffnung ist für uns ein sicherer und fester Anker, der hineinreicht in den himmlischen Tempel, bis ins Allerheiligste hinter dem Vorhang."*

In unserem Leben gibt es ganz sicher auch hin und wieder Zeiten, in denen die Umstände plötzlich sehr bedrohlich wirken. Wenn wir unsere Hoffnung dann an materiellen Dingen, an unserem beruflichen Erfolg oder an der Meinung anderer Leute festmachen, können wir schnell ins Kentern geraten und über kurz oder lang Schiffbruch erleiden. Wenn unsere Hoffnung hingegen in Jesus Christus verankert ist, wird uns nichts wirklich erschüttern können.

Suchen Sie Gottes Nähe
Als ich studiert habe und noch nicht verheiratet war, konnte ich mühelos drei Stunden pro Tag mit Gebet und Bibellesen verbringen. Und dann ging ich in den vollzeitlichen Dienst ... und dann habe ich geheiratet ... und dann bekam ich meine beiden Töchter ... Sie können mir glauben, dass ich das Dilemma, in dem Sie stecken, nur zu gut kenne. Es ist nicht leicht, jeden Tag 1000 Sachen erledigen zu müssen und dabei auch noch Zeit für Gott zu reservieren. Bestimmt können Sie ebenfalls ein Lied davon singen. Tatsache ist aber, dass wir aus dem Gleichgewicht geraten, wenn wir uns so sehr abhetzen, dass uns keine Zeit mehr für das Gespräch mit Gott bleibt. Wenn wir in unserem Leben

nämlich alles verwirklichen wollen, was Gott für uns bereithält, dann dürfen wir uns nicht von der Quelle allen Lebens entfernen. Und auf der Liste der 1000 Dinge, die anliegen, muss an erster Stelle stehen, dass wir Zeit mit Gott verbringen möchten.

Bevor Sie jetzt von Schuldgefühlen überwältigt werden, lassen Sie mich noch Folgendes sagen: Werfen Sie jede Gesetzlichkeit über Bord und finden Sie heraus, was in dieser Lebensphase *für Sie persönlich* funktioniert! Es gibt kein Patentrezept, von dem man nicht abweichen dürfte, sondern Sie müssen einfach das tun, was nötig ist, um in Gottes Nähe zu kommen.

Die Bibel verspricht: *„Sucht die Nähe Gottes, dann wird er euch nahe sein"* (Jakobus 4,8). Wenn wir uns regelmäßig zu unserem himmlischen Vater flüchten, dann werden wir bei ihm genug Kraft, Weisheit und Gelassenheit finden, um unser Lebensschiff durch jede noch so stürmische Phase zu steuern.

Gestalten Sie Ihr Leben nach Gottes Plan, nicht nach menschlichen Vorgaben
Haben Sie sich jemals gefragt: Wieso tue ich eigentlich all das, was ich tue? Ist es Gottes Plan für mein Leben oder ist es nur das, wovon ich glaube, dass es von mir erwartet wird? Sind wir als Familie nur deshalb an irgendwelchen Dingen beteiligt, weil wir Angst davor haben, was die anderen sonst denken könnten? Gibt es etwas, das ich einzig und allein deshalb tue, weil meine Mutter es auch schon so gemacht hat?

Dass wir in manchen Lebensphasen so frustriert sind, kann davon herrühren, dass wir uns niemals die Mühe gemacht haben, uns solche Fragen zu stellen. Und so leben wir nicht selten nach den Vorgaben und Erwartungen anderer anstatt nach Gottes Plan. Wenn wir es jedoch versäumen, uns an dem zu orientieren, was unser himmlischer Vater sich so liebevoll für uns ausgedacht hat, werden wir irgendwann völlig unmotiviert und unzufrieden sein. Gott will nicht, dass uns jede Begeisterung fehlt und wir eine Lebensphase nach der anderen mechanisch hinter uns bringen. Sondern er möchte, dass uns bewusst ist, dass jeder Lebensabschnitt einen Teil seines wunderbaren Plans darstellt. Wir sollten immer wieder innehalten, um uns zu fragen, was Gott von uns erwartet, und danach entsprechend handeln. Wenn wir das tun, werden wir jede einzelne Etappe auf unserem Lebensweg genießen und uns über Gottes Treue freuen können.

Ruhen Sie sich aus

Es ist schon erstaunlich, wie schnell einem das Leben entgleiten kann, nicht wahr? Vor ein paar Jahren habe ich genau diese Erfahrung gemacht. Nick und ich waren ständig gehetzt, weil unser Dienst so schnell wuchs, dass wir mit der Arbeit gar nicht mehr nachkamen. Eigentlich war uns klar, dass es weder unserer Ehe noch unseren Kindern oder unserem Dienst guttat, wenn wir uns nicht genügend Zeit nahmen, um unserem Körper und unserer Seele Ruhe zu gönnen. Wie wichtig es jedoch tatsächlich ist, dass man zwischen den Phasen der Geschäftigkeit und Hektik immer wieder für Ruhepausen sorgt, haben wir damals gelernt. Wenn wir allen gerecht werden wollen – unseren Mitmenschen, uns selbst und Gott –, werden wir nicht darum herumkommen, uns auszuruhen!

Manchmal empfinden wir eine bestimmte Lebensphase nur deshalb als besonders schwierig, weil wir so müde sind! Ich möchte Ihnen einen guten Rat geben: Schlafen Sie sich doch mal richtig aus. Gehen Sie zur Fußpflege. Bringen Sie Ihre Kinder dazu, sich eine Weile still zu beschäftigen, und dann schließen Sie sich im Schlafzimmer ein und lesen ein gutes Buch. Verlassen Sie in der Mittagspause Ihr Büro und machen Sie einen Spaziergang. Treffen Sie sich mit einer Freundin auf einen Kaffee. Folgen Sie einem spontanen Impuls und kuscheln Sie mit Ihrem Mann (sorry, liebe Singles!), auch wenn die Küche noch nicht aufgeräumt ist. Tun Sie einfach etwas, das Sie erfrischt und aufbaut, was auch immer das für Sie persönlich sein mag. Achten Sie darauf, dass Sie sich nicht nur um die Bedürfnisse der anderen, sondern auch um Ihre eigenen kümmern!

Passen Sie sich immer wieder von Neuem an
Wünschten Sie nicht auch, es gäbe ein Patentrezept dafür, wie wir unser Leben optimal gestalten können? Oder eine Tabelle, in der genau aufgeführt ist, wie lange jede einzelne Phase dauert und welche Punkte wir darin beachten müssen? Es wäre so einfach, das Ziel im Auge

zu behalten und es konzentriert zu verfolgen, wenn wir für jeden Lebensabschnitt eine ausführliche Gebrauchsanweisung hätten! Zwar kenne ich kein Patentrezept, aber ich kann Ihnen einen Tipp geben, wie Sie verhindern können, dass Sie in irgendeiner Phase stecken bleiben: Machen Sie in regelmäßigen Abständen eine Bestandsaufnahme und passen Sie Ihr Leben entsprechend an.

Menschen und Umstände verändern sich ständig, und wenn wir alle Herausforderungen bewältigen und alle Träume verwirklichen wollen, müssen wir auf diese Veränderungen reagieren. Eine Methode, die ich gestern erfolgreich praktiziert habe, muss heute oder morgen nicht unbedingt auch noch funktionieren. Es wäre töricht, wenn ich jetzt immer noch dasselbe Tempo anstreben würde, das ich verkraftet habe, als ich Mitte zwanzig gewesen bin. Da ich inzwischen Mann und Kinder habe, musste ich meine Prioritäten neu ordnen; bestimmte Dinge mussten weichen, während andere dazugekommen sind. Und ich werde mich immer wieder von Neuem umstellen müssen, wenn meine Kinder größer werden, sich neue Türen öffnen und neue Phasen beginnen.

Alles umzusetzen, was Gott für uns bereithält, bedeutet, dass wir uns ständig in einem Veränderungsprozess befinden und jederzeit damit rechnen, von einer Lebensphase in die nächste zu wechseln. Wir müssen formbar und offen bleiben für das, was Gott in jeder einzelnen Phase mit und durch uns tun will.

7

Es geht um Beziehungen

„Jetzt hör endlich auf zu psychologisieren, Christine!" Nachdem ich drei Stunden lang meine Hirnwindungen strapaziert hatte, war ich schließlich schon so weit, dass ich mit mir selbst sprach. Kein gutes Zeichen. Aber ich machte trotzdem weiter. „Es ist doch nichts Weltbewegendes, sondern etwas völlig Unverbindliches. Ich gehe nur mit jemandem einen Kaffee trinken und bekomme nicht etwa einen Heiratsantrag! So ein Treffen ist doch nicht einmal ein richtiges Date, stimmt's? Und es handelt sich auch nicht um einen Film- oder Rockstar, sondern um einen ganz normalen Typen namens ‚Nick'. Jetzt komm mal wieder runter, Mädchen."

Während ich zum x-ten Mal mein Aussehen im Spiegel kontrollierte, beschloss ich, dass es wohl das Beste war, einfach abzusagen. Was hätte ich denn auch meinen Freundinnen sagen sollen? Die letzten paar Jahre war ich die selbst ernannte Gründungsvorsitzende des „Single-bis-zur-Entrückung"-Klubs gewesen … wie sollte ich da den übrigen Mitgliedern erklären, dass ich ein Date hatte? Wir hatten diese Gruppe (natürlich mit mir als Speerspitze) gar nicht als eine feministische Anti-Männer- oder Anti-Ehe-Gruppe gedacht, aber weil wir alle Ende zwanzig waren und mit Vollgas im vollzeitlichen Dienst unterwegs, hielten wir die Wahrscheinlichkeit für eher gering, dass eine von uns jemals lange genug das Tempo würde drosseln können, um zu heiraten. Wie konnte ich mir nun als die furchtlose Anführerin des Klubs eine Blöße geben, indem ich mich mit einem Typen aus der Gemeinde verabredete? Zugegeben, er sah so gut aus, dass wohl jeder Verständnis hätte, wenn ich meinen Grundsätzen untreu würde, aber trotzdem ... ich hatte schließlich auch meinen Stolz (oder war es Angst?).

Bevor ich mich versah, saß ich schon in Nicks Wagen und war auf dem Weg zu einem Café. Als er erschienen war, hatte ich wirklich die feste Absicht gehabt, das Date abzusagen, doch bei seinem höflichen Auftreten – ganz zu schweigen von seinem fantastischen Eau de Cologne – hatte ich irgendwie nicht die richtigen Worte gefunden, um ihm einen Korb zu geben. Also fuhren wir los. Ich glaubte, wir seien unterwegs zu einem Café in der Nachbarschaft, aber als wir zwanzig Minuten später immer noch im Auto saßen, fragte ich mich langsam, wo um alles in der Welt dieser Typ mit mir hinwollte. Vielleicht hätte ich mir doch erst sein polizeiliches Führungszeugnis zeigen lassen sollen, bevor ich zu ihm ins Auto stieg!

Genau in dem Augenblick, in dem mir dieser Gedanke durch den Kopf schoss, fuhr er auf den Parkplatz meines Lieblingscafés in Sydney (woher wusste er bloß, dass ich am allerliebsten dorthin ging?). Da das Café ziemlich weit entfernt von meiner Wohnung war, dämmerte mir plötzlich, dass Nick zwei Fliegen mit einer Klappe schlug. Er wollte mir nicht nur eine besondere Freude machen, indem er hierher fuhr, sondern er hatte sich auch einen Ort ausgesucht, an dem wir vermutlich nicht so viele Freunde treffen würden. Die meisten unserer Bekannten hätten nämlich wohl kaum der Versuchung widerstehen können, Gerüchte über uns zu verbreiten oder womöglich sogar schon die Hochzeitseinladungen zu verschicken, bevor unser Date überhaupt vorüber war! *Das scheint ja echt ein ausgeschlafener Typ zu sein*, dachte ich. *Vielleicht lohnt es sich ja wirklich, dass ich mich mit ihm abgebe.*

Diese Vermutung bewahrheitete sich tatsächlich, denn nachdem wir erst einmal ins Gespräch gekommen waren, vergingen die Stunden wie im Flug. Wir konnten über alles Mögliche miteinander reden, und es war wie Frische-Luft-Schnappen, mal über ein anderes Thema zu plaudern als meine Lieblingsband, irgendeine Fernsehshow oder das schöne Wetter. Der Typ war also nicht nur ein gut aussehender, vorausdenkender Mann, sondern auch noch ein toller Gesprächspartner ... Meine Neugier war geweckt, und ich ertappte mich dabei, wie ich dachte, dass es mir vielleicht gefallen könnte, noch mehr Zeit mit ihm zu verbringen. Nick musste meine Gedanken gelesen haben, denn genau in diesem Moment sagte er: „Ich habe übrigens ein paar Sachen zum

Essen mitgenommen. Auf der anderen Straßenseite ist ein hübscher kleiner Park; falls du Lust hast, könnten wir dort ein Picknick machen." Hmmm … gute Ideen hatte er also auch noch.

Das gemeinsame Mittagessen, zu dem Nick mich so beiläufig eingeladen hatte, entpuppte sich als ein wahres Festmahl. Er ließ es sich nicht nehmen, sowohl die Decke als auch den Korb und die große Kühltasche in den Park zu tragen. Und dort holte er dann in bester Mary-Poppins-Manier eine Überraschung nach der anderen aus den beiden Behältern heraus: fünf verschiedene Brotsorten, vier französische Käsesorten, köstliche Antipasti, Wurst und Fleisch und mindestens drei verschiedene Sorten Getränke! Ich fragte mich, wie er sich als Absolvent einer Bibelschule so ein teures Essen leisten konnte. Und dass ein Mann überhaupt fähig war, zwischen fünf unterschiedlichen Brotsorten zu unterscheiden, überstieg absolut meine Vorstellungskraft! Ich war entsprechend beeindruckt und allmählich immer mehr davon überzeugt, dass es sich tatsächlich lohnen könnte, meinen Grundsätzen untreu zu werden.

Die folgenden vier Stunden saßen wir zusammen und redeten. Es war ein perfekter Tag: schönes Wetter, tolles Essen und ein anregendes Gespräch. Ich spürte, wie mir das Zepter des besagten Klubs immer mehr entglitt …

Beziehungen

Wenn ich an mein erstes Date mit Nick denke, wird mir immer wieder bewusst, wie entscheidend die richtigen Beziehungen sind – und zwar nicht nur Liebesbeziehungen, sondern Beziehungen jeglicher Art. Wenn wir in unserem Leben alles erreichen und verwirklichen wollen, was Gott uns zugedacht hat, dann spielen die Menschen, mit denen wir viel Zeit verbringen, in diesem Prozess ebenfalls eine Rolle. Sie können uns nämlich entweder daran hindern oder uns darin bestärken, dieses Ziel zu verfolgen. Da wir viel zu oft den Einfluss und den Wert unserer Beziehungen unterschätzen, möchte ich diesem Thema ein eigenes Kapitel widmen.

Gott hat ein tiefes Bedürfnis nach Beziehungen in uns hineingelegt und uns nicht dazu geschaffen, allein mit dem Leben fertigzuwerden. Von Anfang an hat er gesagt: *„Es ist nicht gut, dass der Mensch allein lebt. Er soll eine Gefährtin bekommen, die zu ihm passt!"* (1. Mose 2,18). Das soll uns daran erinnern, dass wir bei der Bewältigung unserer Aufgaben nicht auf uns selbst gestellt sind. Durch positive, Leben spendende Beziehungen, die Gott gefallen, werden wir ermutigt, aufgebaut und getragen.

Es gibt Beziehungen, aus denen wir Kraft schöpfen, und Beziehungen, die uns Kraft rauben. Für manche Frauen ist das Leben nur deshalb so mühsam, weil sie Beziehungen zulassen und sogar pflegen, die voller vergifteter Emotionen sind: Pessimismus, Kritiksucht, ständiges Vergleichen, Eifersucht, Unsicherheit und Angst. Solange wir die Last negativer Beziehungen mit uns herumschleppen, wird immer irgendein Bereich unseres Lebens zu kurz kommen, in dem Gott uns so gerne vorwärtsbringen möchte.

Darum ist es wichtig, dass wir unsere Zeit und unsere Energie hauptsächlich in solche Beziehungen investieren, die sich mit unserer Bestimmung vereinbaren lassen. Ich möchte Ihnen Mut machen, einmal eine kritische Bestandsaufnahme der Beziehungen in Ihrem Leben vorzunehmen und zu überlegen, welche davon den größten Einfluss auf Sie haben. Wenn Sie merken, dass sich in manchen Beziehungen keine Liebe, Freude, Geduld, Freundlichkeit, Güte, Treue, Besonnenheit und Selbstbeherrschung findet (vgl. Galater 5,22), dann ist es vielleicht nötig, noch einmal zu überdenken, welchen Stellenwert diese Beziehungen in Ihrem Leben haben sollten.

Gute Freunde

Einer der Hauptgründe, weshalb ich überhaupt in der Lage bin, Gottes Plan für mein Leben zu verwirklichen, sind meine großartigen Freunde. Es ist kein Zufall, dass sich um mich herum ein Netzwerk von guten Freunden befindet, die mich unterstützen, inspirieren, ermutigen und wenn nötig auch hinterfragen. Diese Leute sind völlig unterschiedlich, was ihre Persönlichkeit, ihre

Interessen und ihre Berufung angeht, doch in einem stimmen sie alle überein: Sie sehnen sich von ganzem Herzen danach, all das zu erleben und zu erreichen, was Gott für sie bereithält. Und da ich weiß, wie viel ich von solchen Beziehungen profitiere, investiere ich viel Zeit und Kraft in diese Freundschaften.

Ich lächle unwillkürlich, wenn ich an die unverwechselbaren, dynamischen Personen denke, mit denen ich befreundet bin. Einige der Frauen springen immer wieder ein und kümmern sich um meine Töchter, sodass ich nicht wüsste, wie ich je ohne sie zurechtkommen sollte. Andere sind da, wenn ich Probleme habe und einfach mal Dampf ablassen muss oder wenn ich einen guten Rat brauche. Wieder andere spornen mich an, in meiner Begeisterung für Gott nicht nachzulassen, während manche einfach gern mit mir shoppen oder ins Kino gehen. Es gibt Freundinnen, mit denen ich stundenlang herumalbern und mich schlapp lachen kann. *(Nebenbei bemerkt: Wenn wir wirklich jede Herausforderung meistern und jeden Traum verwirklichen wollen, dann darf der Humor dabei nicht auf der Strecke bleiben!)* Es lohnt sich also unbedingt, gesunde Freundschaften zu pflegen – schließlich wäre das Abenteuer des Lebens nur halb so spannend ohne gute Freunde, oder etwa nicht?

Es macht mich traurig, wenn ich höre, dass manche Frauen es von vornherein ablehnen, Freundschaften zu anderen Frauen zu knüpfen, weil sie ihr eigenes Geschlecht viel zu stressig finden. Natürlich stimmt es, dass wir Mädels manchmal ziemlich kompliziert (um nicht zu sagen: zickig) sein können. Doch wir sollten uns darauf besinnen, was für eine geballte Kraft in einer Freundschaft liegt, in der jeder den anderen rückhaltlos unterstützt. Seien Sie eine gute Freundin, die sich weder ins Szene setzt noch über andere Leute herzieht, sondern ihre Freunde ermutigt und anfeuert!

Das Leben als Single bewusst genießen

Ein griechisches Mädchen wird für die Ehe getrimmt, sobald es den Geburtskanal verlassen hat. Deshalb war es für meine Mutter auch äußerst qualvoll, dreißig lange Jahre warten zu müssen, bis sie ihre Tochter in Brautkleid und Schleier zu sehen bekam ... ganz zu schweigen von dem Gefühl der Unzulänglichkeit, unter dem ich selbst gelitten habe. Schließlich hat mich meine Familie, die es ja nur gut mit mir gemeint hat, immer wieder daran erinnert, dass meine biologische Uhr tickt – *und zwar rasend schnell!*

Ich hatte einige Jahre Zeit, mich an das Leben als Single zu gewöhnen, und wie ich ja bereits angedeutet habe, war ich fest davon überzeugt, dass ich auch als Single in die Ewigkeit eingehen würde. Ich weiß also, wie es ist, einen Raum voller glücklicher Paare zu betreten und von einem Bekannten mit den Worten begrüßt zu werden: „Hey, Christine, altes Mädchen, hast du endlich einen Mann gefunden?" Selbstverständlich werden solche

Bemerkungen immer so laut gemacht, dass sich alle Köpfe schlagartig nach einem umdrehen und man am liebsten auf der Stelle im Boden versinken würde. Und dann waren da noch die zahllosen Blind Dates, die meine lieben Bekannten für mich arrangiert haben – wobei sie bei der Auswahl meines potenziellen Lebenspartners offenbar lediglich darauf geachtet haben, dass der Betreffende männlichen Geschlechts war. Haben all diese wohlmeinenden Zeitgenossen tatsächlich geglaubt, ich sei derart verzweifelt?

Egal, wie unterschwellig (oder auch ziemlich direkt und offen) der Druck von außen ist, wir sollten uns niemals auf eine Beziehung einlassen, die nicht mit Gottes Plan für unser Leben übereinstimmt. Viel zu viele Frauen meinen leider, sie könnten ihre Träume erst dann verwirklichen und sich für Gott einsetzen, wenn sie verheiratet sind. Dagegen habe ich persönlich die Erfahrung gemacht, dass die Wahrscheinlichkeit, zum richtigen Zeitpunkt den richtigen Mann kennenzulernen, umso größer ist, je leidenschaftlicher man schon als Single für und mit Gott lebt. Und wenn man dann eine Beziehung beginnt, darf man darauf hoffen, dass der Partner einen auch nach der Hochzeit darin unterstützen wird, Gottes Ziele zu verfolgen.

Stellen Sie sich doch nur vor, ich hätte einfach am Spielfeldrand des Lebens gesessen und meinen Wunsch, mich aktiv am Spiel zu beteiligen, bis nach der Hochzeit aufgeschoben. Wenn ich dann kurz nach den Flitterwochen in Richtung meiner Bestimmung losgesprintet wäre, hätte Nick doch denken müssen, er sei plötzlich in der Serie „Frauentausch" gelandet! Da er mich jedoch von Anfang an als eine Frau kennengelernt hat, die sich leidenschaftlich für Gott und andere Menschen einsetzt, war es für ihn keine Überraschung, als ich mich auch nach unserer Verlobung, Hochzeit und der Geburt unserer Kinder bemühte, alles zu verwirklichen, was Gott sich für mein Leben gedacht hat. Ja, die Tatsache, dass ich mich so rückhaltlos engagierte, war sogar einer der Hauptgründe (neben meinem guten Aussehen natürlich!), weshalb er sich zu mir hingezogen fühlte.

Selbstbewusste Singlefrauen haben mich schon immer fasziniert. In meinem Team arbeite ich mit einigen jungen, unverheirateten Frauen zusammen, die unglaublich talentiert sind und sich mit Feuereifer für Gott einsetzen – obwohl sie durchaus den Wunsch hegen, irgendwann einmal zu heiraten. Manche sind schon über dreißig oder über vierzig, aber sie sitzen nicht missmutig und verloren in der Gegend herum und warten darauf, dass ihr Traumprinz vorbeikommt und sie aus ihrem Elend erlöst. Nein, nach ihrem Verständnis ist ihr Traumprinz schon vor 2000 Jahren in der Gestalt von Jesus Christus erschienen, und darum können sie auch die Zeit, in der sie Single sind, bis zur Neige auskosten und ausnützen. Sie wissen, dass sie sich am allerbesten auf künftige Lebensphasen vorbereiten, indem sie jetzt schon danach streben, Gottes Plan für ihr Leben zu verwirklichen. Ihnen ist bewusst, dass sie ihrem himmlischen Vater, dem sie im Hinblick auf ihre Erlösung, ihre

Bestimmung, ihre Gesundheit und ihre Finanzen vertrauen, auch die Sorge für ihren späteren Lebenspartner überlassen können. Denken Sie immer daran, dass wir unsere Identität und unsere Bestimmung in Jesus Christus finden – nicht in einem anderen Menschen. Wenn wir das schon als Single begreifen, werden wir später keine unrealistischen Erwartungen an unseren Partner stellen.

Jesus selbst ist doch das beste Beispiel dafür, dass man auch als Single ein erfülltes und sinnvolles Leben führen kann. In 1. Korinther 7 beispielsweise werden die Vorteile des Singlelebens hervorgehoben und angepriesen: *„Ich möchte euch unbelastet und ohne Sorgen wissen. Wer unverheiratet ist, kann sich uneingeschränkt darum kümmern, wie er dem Herrn gefällt. Ist aber jemand verheiratet, so kümmert er sich um viele Dinge und will seiner Frau gefallen. Darum ist seine Aufmerksamkeit geteilt. Eine unverheiratete Frau sorgt sich uneingeschränkt darum, mit Leib und Seele zum Herrn zu gehören. Aber eine verheiratete Frau sorgt sich um menschliche Belange und will ihrem Mann gefallen"* (V. 32-34). Das heißt natürlich nicht, dass es grundsätzlich besser sei, Single zu bleiben als zu heiraten, aber diese Verse sagen ausdrücklich, dass unser Leben nicht stillsteht, solange wir Single sind. Es ist vielmehr eine Phase, in der Gott zutiefst an und durch uns wirken kann, ohne dass wir von anderen Dingen abgelenkt werden (natürlich müssen wir es ihm auch erlauben, an uns zu wirken!).

Woher weiß man, wer der Richtige ist?

Welche Frau erinnert sich nicht an ihr erstes richtiges Date? Fast alle, mit denen ich darüber geredet habe, haben mir ungefähr die gleiche Geschichte erzählt: Als Erstes sucht man das perfekte Outfit und die perfekte Frisur aus – um beides gleich darauf wieder zu verwerfen und sich für ein anderes Outfit und eine andere Frisur zu entscheiden. Sorgfältig geschminkt geht man dann in die Küche, um noch eine Kleinigkeit zu essen – damit man später im Restaurant nicht futtert wie ein Scheunendrescher –, wobei man peinlichst darauf achtet, nichts zu sich zu nehmen, was schlechten Atem verursachen könnte. Anschließend putzt man sich gründlich die Zähne – natürlich mit Zahnseide! –, worauf man einen Teil seines Make-ups erneuern muss und sich möglicherweise noch einmal komplett umkleidet und frisch frisiert. Als krönender Abschluss dient ein Hauch Eau de Toilette, gefolgt von einem letzten Kontrollblick in den bodenlangen Spiegel … was dann durchaus noch einmal den gleichen Rattenschwanz von Garderobenwechsel, Umfrisieren und Make-up-Erneuerung nach sich ziehen kann! Ich muss gestehen, dass ich mich irgendwie schon darauf freue, meinen Töchtern bei den Vorbereitungen für ihr erstes Date zur Hand zu gehen … selbstverständlich erst, wenn sie mindestens 35 sind.

Wenn alles so läuft, wie man es sich wünscht, folgt auf das erste Date gleich das nächste, man lernt den anderen immer besser kennen und fragt sich schließlich, ob man sich vorstellen könnte, mit diesem Menschen den Rest seines Lebens zu verbringen. Machen Sie sich dabei bitte bewusst, dass es kaum eine Beziehung gibt, die größeren Einfluss darauf hat, ob Sie in Ihrem Leben alles umsetzen können, was Gott für Sie bereithält, als die Beziehung zu Ihrem Ehepartner.

Ich habe den Eindruck, dass viele Frauen in Panik geraten, wenn ihr künftiger Partner nicht in dem Zeitfenster auftaucht, das sie dafür vorgesehen und reserviert haben, und vor lauter Verzweiflung gehen sie dann irgendeinen faulen Kompromiss ein. Machen Sie bitte nicht so einen schweren Fehler, sondern nutzen Sie lieber die Zeit, die Sie haben, um eine kluge Wahl zu treffen! Als eine Frau, die schon fast dreißig war, als sie geheiratet hat, kann ich Ihnen aus tiefster Überzeugung sagen: Wenn Sie geduldig sind und auf den Mann warten, den Gott Ihnen zugedacht hat, werden Sie es niemals bereuen.

Aber woran können Sie denn nun erkennen, ob ein Mann der richtige Ehepartner für Sie sein könnte? Diese Frage höre ich immer wieder von jungen Frauen, ganz gleich, auf welchem Kontinent ich mich befinde. Um Ihnen eine kleine Hilfe an die Hand zu geben, habe ich folgende Checkliste erstellt:

- Ist er Christ? (Falls er Ihnen nie ausdrücklich gesagt hat, dass er Christ ist, gibt es dann in dem, was er sagt und tut, genügend Anzeichen dafür, dass er sein Leben Jesus Christus übergeben hat?)

- Ist er Mitglied einer christlichen Gemeinde? (Und zwar nicht nur ein passives Mitglied, das sonntags einen Stuhl wärmt, sondern jemand, der sich aktiv am Gemeindeleben beteiligt?)
- Wie ist seine Beziehung zu seiner Familie und zu seinen Freunden? Sind seine engsten Freunde Christen und lässt er sich von ihnen etwas sagen? Ehrt und respektiert er seine Eltern?
- Sucht er sich immer wieder Rat bei älteren, erfahrenen Christen?
- Hat er eine positive Einstellung zu Ihrer Berufung, oder will er Sie daran hindern, das zu tun, wozu Sie sich innerlich verpflichtet fühlen?
- Wie redet er? Ist er ein positiver Mensch, der Sie gern ermutigt und aufbaut, oder ist er eher negativ und überkritisch in Bezug auf Ihr Denken und Handeln?
- Ist er fleißig und gerne bereit, sich auch mal die Hände schmutzig zu machen? Weiß er, dass alles, was sich lohnt, Mühe erfordert? Und hat er einen Job?
- Ist es ihm wichtig, an seinem Charakter zu arbeiten? Setzt er sich mit seinen Schwächen auseinander oder verdrängt er sie lieber?
- Was hat für ihn größere Priorität: am Bau des Reiches Gottes mitzuwirken oder die Ziele zu erreichen, die ihm einen persönlichen Vorteil verschaffen?
- Fühlen Sie sich auch körperlich zu ihm hingezogen? Ohne allzu fleischlich gesinnt zu sein, muss ich Ihnen sagen: Falls Sie in ihm eher einen Bruder oder guten Freund sehen, kann es sein, dass Gott ihn für eine

andere Frau bestimmt hat. Wenn der Funke nicht überspringt und Sie in seiner Gegenwart keine weichen Knie bekommen, ist er vielleicht doch nicht der Richtige für Sie.

Denken Sie beim Durchgehen dieser Checkliste daran, dass kein Mensch perfekt ist – auch wenn wir Jesus immer ähnlicher werden wollen, so hat keiner von uns dieses Ziel schon erreicht. Trotzdem sollten Sie sich ganz fest vornehmen, sich nicht mit weniger zufriedenzugeben, als Ihr himmlischer Vater Ihnen in seiner großen Liebe zugedacht hat.

Mit Leib und Seele verheiratet sein

Und was ist, wenn er den Test bestanden hat, die entscheidende Frage stellt und Sie freudestrahlend „Ja!" sagen? Ist das dann der Höhepunkt all dessen, wozu Gott Sie berufen hat? Nein, das ist erst der Anfang, und um auf Ihrem Weg mit Gott vorwärtszukommen, müssen Sie bereit sein, kontinuierlich an der Beziehung zu Ihrem Partner zu arbeiten.

Da kaum eine andere Beziehung in unserer Gesellschaft so heftig unter Beschuss steht wie die Ehe, sollte es uns ein Herzensanliegen sein, für unsere Ehe zu kämpfen. Allerdings müssen Sie sich bewusst sein, dass echte Liebe etwas ganz anderes ist als das prickelnde Gefühl, das Sie haben, wenn Ihr Freund Ihre Hand hält. Ich zerstöre Ihre Illusionen, die auf vielen romantischen Filmen beruhen, nur ungern, aber ich muss Ihnen leider sagen, dass Sie es keineswegs immer toll finden werden, mit dem Mann Ihrer Träume verheiratet zu sein. Wenn Sie beispielsweise mitten in der Nacht mit dem kalten Rand des Toilettenbeckens in Berührung kommen, weil Ihr Mann wieder einmal vergessen hat, den Toilettensitz herunterzuklappen, dann werden Sie in diesem Moment keine besonders freundlichen Gefühle für ihn hegen. Trotzdem können Sie auch in solchen Situationen mit Leib und Seele verheiratet sein, solange sich Ihre Auffassung von Liebe an der Definition orientiert, die Gott uns in 1. Korinther 13 gibt. Dort steht nämlich: „*Liebe ist geduldig und freundlich. Sie ist nicht verbissen, sie prahlt nicht und schaut nicht auf andere herab. Liebe verletzt nicht den Anstand und sucht nicht den eigenen Vorteil, sie lässt sich nicht reizen und ist nicht nachtragend. Sie freut sich nicht am Unrecht, sondern freut sich, wenn die Wahrheit siegt. Liebe ist immer bereit zu verzeihen, stets vertraut sie, sie verliert nie die Hoffnung und hält durch bis zum Ende. Die Liebe wird niemals vergehen*" (V. 4-8).

Beachten Sie bitte, dass keines der Worte, mit denen die Liebe hier beschrieben wird, irgendwie gefühlsduselig oder verwaschen ist, sondern wir finden stattdessen ganz klare und konkrete Anweisungen für unser Verhalten. Zum Wichtigsten, was ich im Zusammenhang mit meiner Ehe begriffen habe, gehört, dass ich Nick *immer* lieben kann, und zwar unabhängig davon, ob ich mich gerade danach fühle oder nicht! Und das ist auch gut so, denn wenn wir ständig die Gefühle für den anderen als letztgültiges Barometer für die Qualität unserer Ehe betrachten würden, dann hätten wir wahrscheinlich nicht einmal das erste Ehejahr überstanden! Gefühle kommen und gehen, aber der oben zitierte Bibeltext verspricht, dass wahre Liebe nie vergehen wird.

Eine gute Ehe erfordert ständige Pflege und dauerndes Sich-Bemühen. Deshalb haben Nick und ich uns auf ein paar Grundsätze geeinigt, die uns helfen sollen, unsere Beziehung zu schützen und sie lebendig und spannend zu erhalten. Vielleicht lassen sich folgende Tipps ja auch auf Ihre eigene Ehe anwenden:

Es gibt keine Ausstiegsklausel
Sobald Sie einmal auf dem Standesamt „Ja!" gesagt haben, sollten Sie aus tiefstem Herzen den Beschluss fassen, dass Scheidung keine Option ist. Es geht hier um eine lebenslange verbindliche Beziehung. Wenn Sie sich auch nur im hintersten Winkel Ihres Herzens ein winziges Hintertürchen offen lassen – für den Fall, dass Ihre Ehe sich als zu schwierig erweisen sollte –, dann ist es eher unwahrscheinlich, dass Sie einmal Ihre silberne Hochzeit feiern werden. Selbstverständlich müssen Sie sofort aktiv werden und andere Leute um Hilfe bitten, wenn Sie misshandelt oder bedroht werden, aber dass Ihr Mann lediglich dauernd vergisst, die Duschwand trocken zu wischen oder seine schmutzige Unterwäsche in den Wäschekorb zu stecken, ist absolut kein Trennungsgrund.

Solange wir in der ersten Zeit auf Wolke sieben schweben, ist alles noch so einfach. Alle Witze Ihres Partners sind zum Umfallen komisch und Sie mögen sogar seine sonderbaren Kaugeräusche. Dann vergeht die Zeit, und seine Art von Humor fällt Ihnen immer mehr auf die Nerven – von seinen Kaugeräuschen ganz zu schweigen. Allmählich fragen Sie sich immer öfter: *Habe ich den größten Fehler meines Lebens gemacht? Wie bin ich nur auf die Idee gekommen, dass diese Ehe funktionieren könnte, obwohl wir beide grundverschieden sind?* Leider zerbrechen viele Ehen bereits in dieser ersten Phase der Ernüchterung, weil beiden Partnern die Bereitschaft fehlt, an ihrer Beziehung zu arbeiten. Dabei sollte uns bewusst sein, dass Gott absichtlich zwei unterschiedliche Personen zusammenbringt, damit sie sich gegenseitig ergänzen.

Obwohl es viele Punkte gibt, in denen Nick und ich übereinstimmen – wir setzen uns beide von ganzem Herzen für Gott und für unsere Familie ein –, so unterscheiden wir uns trotzdem in mancherlei Hinsicht ganz erheblich voneinander. Ein amüsantes Beispiel: In den ersten Jahren unserer Ehe hat Nick oft gedacht, dass ich mit ihm streiten würde. Er selbst kommt nämlich aus einer stillen, zurückhaltenden Familie, wo man in gedämpftem Ton miteinander redet, während ich selbst aus einer großen, *lauten* griechischen Familie stamme, in der eine gewisse Lautstärke unverzichtbar ist, um überhaupt gehört zu werden. Immer wieder hat Nick sich darum irritiert erkundigt: „Warum schreist du mich wegen dieser Sache eigentlich so an?", worauf ich verblüfft geantwortet habe: „Was meinst du denn? Ich rede doch ganz normal!" Indem wir solche Dinge offen ansprechen und uns wirklich bemühen, die Sichtweise des anderen zu verstehen, haben wir schon Hunderte solcher Missverständnisse ausräumen können, die sich negativ auf unsere Ehe ausgewirkt hätten.

Ganz gleich, wie sehr Sie und Ihr Partner sich voneinander unterscheiden oder wie Ihre persönlichen Herausforderungen auch aussehen mögen – wenn Sie in Ihrer Ehe alles erleben und erreichen wollen, was Gott Ihnen zugedacht hat, dann müssen Sie auf jede Ausstiegsklausel verzichten.

Machen Sie sich klar, dass niemand vollkommen ist

Jesus ist der einzige vollkommene Mensch, der jemals auf dieser Erde gelebt hat. Je eher wir das begreifen, desto besser! Diese Erkenntnis hilft uns nicht nur dabei, unserem Partner gegenüber barmherziger zu sein, wenn er uns enttäuscht hat, sondern sie ermöglicht es uns auch, uns selbst zu vergeben, wenn wir es mal wieder vermasselt haben. In der Ehe tritt sehr deutlich zutage, wie unvollkommen und egoistisch wir alle sein können.

Nachdem Nick und ich geheiratet hatten, verhielt ich mich in mancher Hinsicht immer noch so, wie ich es als Single gewöhnt war: Wenn ich abends nach Hause kam, machte ich mir etwas zu essen und telefonierte nebenher. Mein Essen verzehrte ich vor dem Computer, damit ich währenddessen ein paar Mails beantworten konnte, und wenn ich ins Bett ging, folgten mir der Laptop und das Telefon bis zum Nachttisch – nur für den Fall, dass ich irgendeine wichtige Nachricht erhielt. Wahrscheinlich werde ich niemals vergessen, wie ich mich am Anfang unserer Ehe bei Nick erkundigt habe: „Schatz, gibt es eigentlich irgendetwas, das ich tun könnte, um unsere Beziehung zu stärken?" Daraufhin hat er gelacht und gesagt: „Vielleicht könntest du ja abends irgendwann auch mal den Computer ausschalten, damit wir miteinander reden können, wenn wir zusammen sind." Ich hatte so eingefahrene Gewohnheiten gehabt, dass mir gar nicht bewusst gewesen war, wie ich mich verhielt, und ich erinnere mich noch, dass ich damals dachte: *Ach, stimmt ja, in dieser Beziehung geht es nicht nur um mich!*

Ich erzähle dieses Beispiel, weil wir dazu neigen, uns sofort auf die Macken unseres Partners zu stürzen, ohne unsere eigenen anzusprechen (oder auch nur zu bemerken). Da kein Mensch vollkommen ist, werden wir uns unweigerlich immer wieder aneinander reiben und uns gegenseitig enttäuschen. Statt dann an unserem Partner herumzunörgeln (was uns Frauen ja bekanntlich sehr leichtfällt), sollten wir Geduld mit ihm haben. Wir sollten lernen, freundlich und ehrlich miteinander umzugehen und offen über die Probleme zu reden, die uns zu schaffen machen.

Machen Sie Ihre Ehe affärensicher
Nick und ich haben beschlossen, dass wir unsere Ehe einfach so aufregend wie eine Affäre gestalten! Wir geben uns große Mühe, damit es auch heute noch zwischen uns knistert, und wir suchen immer wieder nach neuen Wegen, einander zu zeigen, wie sehr wir uns lieben. Oft überraschen wir uns gegenseitig mit einem kleinen Geschenk, einer lustigen SMS oder einem Zettel, den wir dem anderen unbemerkt zustecken. Dass einer von uns nicht ans Telefon geht, wenn der andere anruft, kommt bei uns äußerst selten vor, weil unsere Ehe grundsätzlich Vorrang hat (sie ist das Zweitwichtigste nach unserer Beziehung zu Gott). Trotzdem ist uns bewusst, dass keiner von uns immun gegen eine Affäre ist, ganz gleich, wie lange wir verheiratet sind, und darum tun wir alles, was in unserer Macht steht, um so eine Katastrophe zu verhindern. Beispielsweise bemühen wir uns, auf Folgendes zu achten:

- Wenn einer von uns verreist, telefonieren wir mehrmals täglich miteinander.
- Wir sind mit einigen reifen Christen befreundet, denen wir erlauben, uns zur Rechenschaft zu ziehen.
- Wir haben keine Geheimnisse voreinander ... und zwar wirklich *keine!*
- Wir haben tollen Sex (das muss reichen, Zahlen und Statistiken erspare ich Ihnen).

Genauso, wie es zu spät ist, Ihr Haus gegen Termiten zu schützen, wenn es schon davon befallen ist, müssen Sie etwas unternehmen, *bevor* Ihre Ehe den Bach hinuntergeht. Reden Sie offen mit Ihrem Partner darüber, was für Situationen und Umstände zu einer Affäre führen könnten, und lassen Sie sich immer wieder etwas Neues einfallen, damit Ihre Beziehung frisch und prickelnd bleibt.

Rufen Sie sich immer wieder in Erinnerung, was Sie an Ihrem Partner lieben
In der ersten Zeit nach den Flitterwochen findet man, wie schon erwähnt, fast alle Eigenschaften und Angewohnheiten seines Partners geradezu hinreißend. Und dann vergeht die Zeit, der Alltag macht sich breit, und sowohl der eigene als auch der Körper unseres Partners ist irgendwann nicht mehr so straff und jugendlich wie früher. Allmählich bemerken wir immer mehr, was uns an unserem Ehemann überhaupt nicht gefällt. Anstatt unseren Blick jedoch auf solche Punkte zu fixieren, sollten wir nach Wesenszügen Ausschau halten, die wir toll finden.

Sei es die Art und Weise, wie er uns mit einem Geschenk überrascht (auch wenn er sich das Datum unseres Hochzeitstags immer noch nicht merken kann), oder vielleicht seine Gewissenhaftigkeit, mit der er sich um manches kümmert – was es auch ist, wir sollten an die Dinge denken, die wir an ihm schätzen, und nicht an das, was uns gegen den Strich geht.

Ein Mann braucht Liebe, Unterstützung und Ermutigung von seiner Frau und nicht Genörgel und Gemecker. Wenn in unserem Umgang mit ihm deutlich wird, dass wir ihn respektieren und bewundern, anstatt ihn dauernd nur mit dem zu konfrontieren, was er versäumt hat oder nicht so gut kann, dann wird unser Partner über sich hinauswachsen und schließlich das Ziel erreichen, das Gott ihm gesteckt hat.

Entdecken Sie immer wieder neue Dinge, die Sie zusammen tun können
Langeweile ist ein Ehekiller! Durch endlose Wiederholungen werden auch die spannendsten Aktivitäten irgendwann öde. Wenn Sie und Ihr Mann immer dieselben Gespräche führen, über dasselbe streiten, dieselben finanziellen Herausforderungen bewältigen müssen, denselben eintönigen Sex haben, sich mit denselben Freunden treffen und auch noch dasselbe Fernsehprogramm schauen, dann ist die Wahrscheinlichkeit sehr hoch, dass Sie sich irgendwann langweilen werden. Und eines steht fest: Leute, die sich langweilen, halten Ausschau nach einem Abenteuer, und möglicherweise werden Sie an diesem Abenteuer nicht beteiligt sein!

Mischen Sie deshalb alles mal ein bisschen auf! Engagieren Sie einen Babysitter und übernachten Sie irgendwo auswärts. Legen Sie sich ein neues gemeinsames Hobby zu. Fahren Sie mal einen anderen Weg zum Gemeindehaus, essen Sie abends Frühstück, tauschen Sie die Seiten im Ehebett, tun Sie einfach *irgendetwas*, das

Ihre Routine durchbricht und ein bisschen Pep in Ihren Alltag bringt! Wäre es nicht schön, wenn andere sich Ihre Ehe zum Vorbild nehmen würden? Eine intakte, erfüllte und spannende Ehe entsteht nicht von selbst, aber die Mühe, die sie kostet, lohnt sich in jedem Fall!

Ohne fantastische, ermutigende Beziehungen macht das Leben keinen Spaß. Da andere Menschen für uns wie ein Kompass sind, mit dessen Hilfe wir auf unserem Lebensweg vorwärtskommen, werden wir ohne gesunde, starke Beziehungen nie alles entdecken und erreichen, was Gott für uns bereithält. Wir sind in jedem Lebensabschnitt darauf angewiesen: als Teenager, als junge Frau, als Single, als Single mit festem Freund, als Ehefrau, als Mutter … Und es ist wichtig, dass wir uns nicht mit mittelmäßigen Beziehungen zufriedengeben, sondern uns um liebevolle, starke und intakte Freundschaften bemühen. Solche Beziehungen bereichern unser Leben und geben uns die Kraft, nach dem zu streben, was Gott uns zugedacht hat.

8

Es geht ums Durchhalten

Es war der Gottesdienst, in dem meine Tochter Catherine als Baby gesegnet wurde. Nachdem ich meine Verwandten jahrelang immer wieder zu den Gottesdiensten unserer Gemeinde eingeladen hatte, waren sie zu diesem Anlass schließlich erschienen – und zwar alle auf einmal! Der Grund dafür war, dass eine Taufe für Griechen ein bedeutendes Ereignis ist, und auch wenn es an diesem Nachmittag kein Besprenkeln mit Wasser geben würde, so war meinen Verwandten wohl bewusst, dass dieses Ritual noch am ehesten einer Kindertaufe ähneln würde. Also hatten sich alle zu der Feier versammelt und ich war sehr gespannt und hatte alles bis ins Kleinste vorbereitet. Catherine trug ein niedliches Kleidchen mit passendem Mützchen und Nick und ich strahlten beide um die Wette.

Alles lief genau nach Plan, das heißt, bis zu dem Augenblick, als wir aufstanden, um mit Catherine nach vorne zu gehen. Sie beschloss nämlich, dass sie jetzt keine Sekunde länger ihren Mageninhalt bei sich behalten konnte, und verteilte ihn gleichmäßig auf ihrem hübschen Outfit und auf meiner Wenigkeit. *Na toll!*, dachte ich und wünschte einen Moment lang, es hätte sich wirklich um eine Taufe gehandelt, denn dann hätten wir beide in ein schönes warmes Wasserbecken steigen können. Ich fragte mich, was wohl das kleinere Übel wäre: dort oben auf dem Podest wie begossene Pudel dazustehen oder eine dreißigminütige Predigt halten zu müssen (habe ich schon erwähnt, dass ich an diesem Tag predigen durfte?) und dabei die ganze Zeit den durchdringenden Duft nach Erbrochenem zu verströmen. Als wir die Stufen zur Bühne hinaufgingen, lachte ich leise in mich hinein, weil ich ständig solche Katastrophen erlebe! Immer, wenn ich gerade denke, dass alles ganz genau durchgeplant ist, muss etwas völlig Unerwartetes passieren.

So wie damals, als wir von Houston nach Lafayette flogen und sich nach dem Boarding herausstellte, dass das Fahrwerk unserer Maschine defekt war. Nachdem wir ziemlich lange in der völlig überhitzten Kabine gewartet hatten, mussten wir alle in ein anderes Flugzeug umsteigen, damit wir endlich starten konnten. Irgendwann wurden wir dann von der Crew aufgefordert, uns für den Start bereit zu machen. Als wir alle angeschnallt waren und die Startgenehmigung erteilt war, brannte plötzlich der Tower hinter uns! Und wenn ich sage „brannte", dann meine ich nicht, dass irgendwo ein bisschen Rauch aufgestiegen ist, sondern ich rede von einer Explosion wie in einem Film mit einem Millionenetat für Special Effects. Innerhalb von etwa fünf

Nanosekunden war die ganze Startbahn voller Löschfahrzeuge und Feuerwehrleute, die zu unserer Rettung herbeieilten. Okay, vielleicht habe ich ein winziges bisschen übertrieben, aber ich hatte wirklich das Gefühl, mich in einem Videoclip von „Pleiten, Pech und Pannen" zu befinden.

Eine andere kleine Katastrophe habe ich erlebt, als einmal mitten in meinem Vortrag auf einem Frauenkongress ein Baby zu schreien begann. Das ist an sich ja noch nichts Besonderes und auch nicht weiter schlimm, oder? Schließlich halte ich schon seit vielen Jahren Vorträge und solche Ablenkungen gibt es andauernd. Das Problem war nur, dass ich bei *dieser* Gelegenheit erst kürzlich selbst ein Baby bekommen hatte und noch voll stillte, und, lassen Sie es mich so formulieren, der Zeitpunkt, an dem ich eigentlich hätte stillen sollen, war schon eine ganze Weile überschritten. Kaum war also das Babygeschrei an mein Ohr gedrungen, da interpretierten meine Brustdrüsen diese Laute auch schon als den Befehl: „Schleusen öffnen!" Und das taten sie dann auch … mitten in meiner Predigt.

Im Laufe der Jahre ist mir eines klar geworden, und zwar, dass zu den wenigen Dingen, auf die wir uns verlassen können, die Tatsache gehört, dass man sich im Leben auf nichts verlassen kann! Natürlich sind die Geschichten, die ich soeben erzählt habe, so komisch, dass ich inzwischen darüber lache. Aber es gab auch Zeiten in meinem Leben, in denen Dinge passiert sind, die keineswegs zum Lachen waren. Sie boten keinen Stoff für eine witzige Anekdote, sondern es waren echte Herausforderungen und Prüfungen, die irgendwie gemeistert werden mussten. Unter solchen widrigen Umständen, über die ich keinerlei Kontrolle hatte, musste ich mich schließlich für eine von zwei Möglichkeiten entscheiden: Wollte ich mein Durchhaltevermögen trainieren oder wollte ich zulassen, dass mich diese Situation völlig zermürbte und ich irgendwann daran zerbrach?

Ganz gleich, wie viele Vorkehrungen wir auch treffen mögen, damit alles möglichst geradlinig und störungsfrei abläuft – das Leben passiert einfach! Wir werden alle immer wieder mit Schwierigkeiten und Ungewissheit konfrontiert. Manchmal sind solche Unwägbarkeiten nur ein wenig ärgerlich, aber manchmal sind sie so schlimm, dass sie fast körperlich wehtun und uns völlig überfordern. So unterschiedlich die Schwierigkeiten in unserem Alltag auch sein mögen – fest steht, dass niemandem Probleme erspart werden. Deshalb ist es so wichtig, dass wir Durchhaltevermögen entwickeln, wenn wir alles erleben und erreichen wollen, was Gott für uns bereithält. Der Feind will das auf jeden Fall verhindern, und er sorgt dafür, dass wir es mit Umständen zu tun bekommen, die uns aus der Bahn werfen könnten. Dann zeigt es sich, wie wir mit solchen Situationen umgehen: Werden wir dem Druck standhalten oder irgendwann doch nachgeben? Wenn wir beschließen, unsere Ausdauer zu trainieren, werden wir trotz der unvermeidlichen Hürden und Hindernisse auf unserem Weg mit Gott immer weiter vorwärtskommen.

Sicher ist nur, dass nichts sicher ist

Mir ist stärker bewusst denn je, dass die Welt, in der wir leben, von Ungewissheit und Unbeständigkeit geprägt ist. Man braucht nur einmal flüchtig eine Zeitung durchzublättern oder die Nachrichten anschauen, um das zu erkennen. Überall auf der Welt gibt es Terroranschläge, politische und soziale Unruhen, Finanzkrisen und Umweltkatastrophen. Und zu all diesen schwerwiegenden Ereignissen kommen dann noch die bedrohlichen Stürme in unserem eigenen Leben, die wir überstehen müssen.

Ob als Studentin, Mutter, Ehefrau, Chefin, Angestellte oder in einer Position, in der wir gleichzeitig mehrere Rollen innehaben – wir werden immer wieder vor Herausforderungen gestellt, bei denen wir nicht wissen, wie wir sie bewältigen sollen. *Wie soll ich nur das Geld fürs Studium zusammenbekommen? Meine Tochter hat mir gerade erzählt, dass sie schwanger ist. Was ist, wenn mein Sohn nie die Entscheidung trifft, mit Jesus zu leben? Was soll ich tun, wenn sich mein Verdacht bestätigt und mein Mann mich tatsächlich betrügt? Mein Arzt hat mir gesagt, dass ich Krebs habe. Unser Familienbetrieb steht kurz vor der Pleite, und wir wissen nicht, was wir machen sollen. Meine Kinder sind jetzt alt genug, um Fahrstunden zu nehmen!*

Ich wünschte, ich könnte Ihnen sagen, dass sich jedes Problem in Luft auflösen wird, wenn Sie nur das richtige Gebet sprechen, aber Sie wissen ja selbst, dass es kein

Universalgebet gibt, das wie eine Zauberformel wirkt. Jeder Mensch bekommt es mit Zeiten der Ungewissheit zu tun, mit Stress, Schwierigkeiten und Leid. Im Johannesevangelium sagt Jesus: *„In der Welt habt ihr Angst, aber lasst euch nicht entmutigen: Ich habe die Welt besiegt"* (Johannes 16,33b). Beachten Sie bitte, dass Jesus hier ganz nüchtern eine Tatsache feststellt. Er sagt nicht, es könne unter Umständen vorkommen oder vielleicht ausnahmsweise geschehen, dass wir Angst haben, sondern er weiß, wie die Realität unseres Lebens aussieht.

Durch diese Bibelstelle wird mir immer wieder bewusst, dass es kein Zeichen von Versagen ist, wenn ich gerade eine schwere Zeit durchmache. Es bedeutet nicht, dass ich irgendeine Anweisung von Gott überhört hätte oder jetzt davor zurückschrecken müsste, mich auf das Ziel auszurichten, das Gott für mein Leben gesteckt hat. Solange wir leben, werden wir immer wieder Probleme bewältigen müssen, und in solchen Situationen kommt es entscheidend darauf an, ob wir durchhalten können.

Die Bibel gibt uns einen wertvollen Hinweis, wie wir mit solchen Herausforderungen umgehen sollen, und zwar sagt sie: *„Liebe Brüder und Schwestern! Betrachtet es als Grund zur Freude, wenn euer Glaube immer wieder hart auf die Probe gestellt wird. Denn durch solche Bewährungsproben wird euer Glaube fest und unerschütterlich. Bis zuletzt sollt ihr so unerschütterlich festbleiben, damit ihr in jeder Beziehung zu reifen Christen werdet und niemand euch etwas vorwerfen kann oder etwas an* *euch zu bemängeln hat"* (Jakobus 1,2-4). Vermutlich ist diese Stelle in Ihrer Bibel nicht unterstrichen und wir würden diese Worte wahrscheinlich auch kaum als ermutigenden Spruch für ein Kalenderblatt auswählen. Es klingt ja ganz gut, dass wir Grund zur Freude haben sollen und dass niemand uns etwas vorwerfen kann, aber den Text dazwischen würden wir am liebsten ausblenden. Doch gerade diese unbequemen Sätze enthalten einen Schlüssel, mit dessen Hilfe wir uns aus dem Gefängnis unserer Frustration befreien können. Ich persönlich habe gelernt, Schwierigkeiten als etwas Positives zu sehen, weil ich begriffen habe, dass Gott in schweren Zeiten an mir arbeitet, damit er mich später umso effektiver gebrauchen kann. Die Voraussetzung dafür ist allerdings, dass ich richtig reagiere und die richtige Perspektive behalte.

In schwierigen Situationen kommt es nämlich einzig und allein auf unsere Einstellung an! Wenn wir ein Problem als unüberwindbares, furchterregendes Hindernis betrachten, dann ist die Wahrscheinlichkeit groß, dass wir das Handtuch werfen. Wenn wir es hingegen als eine Gelegenheit sehen, bei der Gott uns in dem Prozess, all das zu erleben und zu erreichen, was er uns zugedacht hat, ein Stück vorwärtsbringt, werden wir nicht aufgeben.

Ganz gleich, wie widrig die Umstände auch sein mögen, mit denen Sie im Moment zu kämpfen haben, ich bin davon überzeugt, dass Sie diese Prüfung erfolgreich bestehen können! Vielleicht ist es Ihnen eine Hilfe, wenn

Sie sich die folgenden Fragen stellen, mit denen ich mich selbst immer wieder zur Rechenschaft gezogen und meine Perspektive überprüft habe, um auf dem richtigen Kurs zu bleiben.

Worüber denke ich nach?

Wir Frauen sind imstande, an zwanzig verschiedene Dinge gleichzeitig zu denken. Ich glaube, das ist eine Fähigkeit, die Gott uns geschenkt hat, damit wir jeden Tag die Zigtausend Aufgaben, die wir bewältigen müssen, unter einen Hut bekommen. Wenn man es recht bedenkt, ist das wirklich eine Kunst. Wir können uns am Telefon über die Probleme unserer Freundin unterhalten, während wir unser Jüngstes fachmännisch mit einer frischen Windel versehen und bei einem anderen Kind, das gerade einen Legostein verschluckt hat, den Heimlich-Handgriff anwenden. Dabei achten wir trotzdem noch auf unsere innere Uhr, die uns mahnt, den Nudelauflauf aus dem Backofen zu holen, bevor er total verkohlt ist. Die Kehrseite der Fähigkeit, so vieles gleichzeitig im Auge zu behalten, ist jedoch, dass wir uns auch innerhalb von 12 Sekunden über 87 verschiedene Dinge Sorgen machen können: *Mein Sohn hat den Lesetest in der Vorschule nicht bestanden. Bestimmt wird er jetzt von allen gehänselt werden. Wie soll er jemals das Abitur schaffen? Wahrscheinlich habe ich ihn nicht genug gefördert, ich bin einfach keine gute Mutter. Kein Wunder, ich bin eben eine komplette Niete!* Oder: *Dieser Typ, dem ich heute begegnet bin, war wirklich süß. Zu dumm, dass ich mich ausgerechnet heute Morgen nicht geschminkt habe! Was ist, wenn ich an dem Tag, an dem ich den Mann treffe, der möglicherweise der richtige sein könnte, denselben Fehler mache? Oder wenn ich dann Spinat zwischen den Zähnen habe oder eine unvorteilhafte Hose trage? Es ist einfach hoffnungslos; ich werde bestimmt nie einen Mann finden!* Und so geht es endlos weiter ...

Sie wissen sicher, dass Gedanken eine unglaubliche Macht haben. Letztlich wird unser Handeln nämlich von unserem Denken bestimmt, und durch unser Handeln gestalten wir die Umgebung, in der wir leben. Wenn wir ständig darüber nachgrübeln, dass wir sowieso keinen Mann finden werden, dass unsere Kinder uns nie gehorchen werden, dass wir es finanziell nie auf einen grünen Zweig schaffen und die überflüssigen Pfunde sowieso niemals loswerden, dann verhalten wir uns irgendwann auch so, als ob das alles stimmen würde. Und über kurz oder lang verwandeln sich alle diese negativen Gedanken in eine traurige Realität.

Glücklicherweise gibt es zu diesem Thema eine gute Nachricht, und sie lautet, dass wir selbst darüber entscheiden können, wie und woran wir denken! In Kolosser 3,2 bekommen wir die Anweisung: *„Richtet eure Gedanken auf Gottes unsichtbare Welt und nicht auf das, was die irdische Welt zu bieten hat."* Wie beruhigend! Wir müssen gar nicht jedem Gedanken und jeder Vorstellung nachhängen, die uns irgendwann in den Sinn kommt. Sondern wir können unser Schicksal selbst in die Hand nehmen, indem wir uns dafür entscheiden, unser Denken in die richtigen Bahnen zu lenken. Wenn das nicht möglich wäre, würde Gott uns nicht in seinem Wort dazu auffordern.

Im Grunde gibt es nur zwei verschiedene Perspektiven, aus denen wir jede Situation im Leben betrachten können. Die eine ist die „himmlische", die sich an Gottes unsichtbarer Welt orientiert, und die andere ist die „irdische", vor der Paulus uns eindringlich warnt. Wir sind tatsächlich imstande, unsere Denkweise zu ändern, indem wir die Perspektive wechseln. Das ist am Anfang nicht immer leicht, denn es erfordert Übung und Disziplin. Eine wichtige Voraussetzung dafür ist, dass wir uns jeden Tag Zeit für Gottes Wort nehmen und *darüber* nachdenken, statt uns ausschließlich mit den Fakten unserer derzeitigen Lebensumstände zu befassen. Wir müssen unsere Gedanken füllen mit Gottes Wort, damit wir darauf zurückgreifen können, sobald wir vor einer Herausforderung stehen.

In Römer 12,2 steht: *„Passt euch nicht dieser Welt an, sondern ändert euch, indem ihr euch von Gott völlig neu ausrichten lasst. Nur dann könnt ihr beurteilen, was Gottes Wille ist, was gut und vollkommen ist und was ihm gefällt."* Wir möchten doch alle wissen, was gut und vollkommen ist und was Gott gefällt. Wie sollten wir sonst in unserem Alltag die richtigen Prioritäten setzen und gemäß der Bestimmung leben, die Gott in uns hineingelegt hat?

Um herauszufinden, was Gottes Wille ist, brauchen wir den Heiligen Geist, der uns offenbart, wie wir die Wahrheiten der Bibel in unserem Alltag umsetzen sollen. Je mehr wir uns mit der Bibel beschäftigen, desto mehr wird unser Denken von Gottes Wort beherrscht. Diese Veränderung meint Paulus, wenn er uns auffordert, uns von Gott völlig neu ausrichten zu lassen. Sobald wir bereit sind, unsere Denkweise zu ändern, merken wir, dass dies ungeheure Auswirkungen auf unser Verhalten hat und auf die Art, wie wir auf unser persönliches Umfeld reagieren. Wir fangen an, die Dinge von einer geistlichen Warte aus zu betrachten und entsprechend zu handeln. Und irgendwann stellen wir überrascht fest, dass sich sogar in einer scheinbar ausweglosen Lage plötzlich eine Tür auftut. Die Macht unserer Gedanken ist tatsächlich kaum zu unterschätzen!

Diese Erkenntnis hat mein eigenes Leben grundlegend verändert und mir gezeigt, dass ich mich nicht geschlagen geben muss, selbst wenn die Umstände absolut niederschmetternd sind. In Kapitel 4 habe ich ja schon eine besonders kritische Phase meines Lebens angesprochen, und zwar die Zeit, in der ich erfahren habe, dass ich als Kind adoptiert worden bin. Die inneren Nachwehen dieses Schocks bewirkten damals, dass ich so durcheinander und verletzt war, dass ich gar nicht mehr wusste, was ich empfinden sollte. Als ich dann allmählich verarbeitete, was man mir erzählt hatte, stiegen langsam, aber stetig Gedanken der Wertlosigkeit und des Abgelehntseins in mir auf. Doch mein Geist hat sich geradezu reflexartig gewehrt gegen diesen Versuch des Feindes, mich mattzusetzen, denn ich merkte, wie ich immer wieder laut sagte: *„Du hast mich geschaffen – meinen Körper und meine Seele, im Leib meiner Mutter hast du mich gebildet. Herr, ich danke dir dafür, dass du mich so wunderbar und einzigartig gemacht hast! Großartig ist alles, was du geschaffen hast – das erkenne ich!"* (Psalm 139,13-14). Obwohl die Umstände meiner Adoption darauf schließen lassen, dass ich kein Wunschkind gewesen bin, hält Gottes Wort eindeutig dagegen, dass mein himmlischer Vater mich von Anfang an geliebt und gewollt hat. Indem ich mich an diese biblische Wahrheit klammerte, wurde ich aus dem Teufelskreis der Selbstzerstörung befreit.

Auf wen höre ich?
Kürzlich saß ich wieder einmal im Wartebereich eines Flughafens (das ist nichts Neues, ich weiß), und nachdem ich für einen Moment mein Buch beiseitegelegt hatte, schnappte ich aus den Gesprächen der Mitreisenden alles Mögliche auf. Meine Mitreisenden äußerten sich zu den verschiedensten Themen, doch das Merkwürdige dabei war, dass sie nicht ihre eigene Meinung vertraten, sondern nur das weitergaben, was sie von anderen gehört hatten! Eine Dame erzählte von der neuen Diät, die die Moderatorin einer Talkshow empfohlen hatte. Eine andere redete über einen Fernsehbericht, der sich mit der wirtschaftlichen Lage unseres Landes befasst hatte, und wieder eine andere bombardierte ihre

Begleitung mit Modetipps aus einer Zeitschrift. Unwillkürlich fragte ich mich, wie viele von diesen Leuten wohl auch eine eigene Meinung hatten.

In unserer schnelllebigen Welt, in der Medien und Technik den Takt angeben, haben wir Zugang zu unzähligen Informationen und Meinungen über jedes nur erdenkliche Thema. Die Frage ist nur: Nehmen wir uns auch die Zeit, um herauszufinden, was Gott über die jeweilige Sache denkt? Es ist schön und gut, sich zu informieren, was prominente Persönlichkeiten und Kommentatoren über das Weltgeschehen zu sagen haben, aber versuchen wir auch, in Erfahrung zu bringen, wie Gott diese Ereignisse sieht? Und um auf die persönliche Ebene zurückzukehren: Obwohl es natürlich oft sehr nützlich ist, uns anzuhören, wie unsere Eltern oder Freunde unsere augenblickliche Situation beurteilen, so ist es doch noch weitaus wichtiger, dass wir uns damit befassen, wie Gott darüber denkt. Ich glaube, dass wir manchmal in den Stürmen des Lebens die Orientierung verlieren, weil wir nicht auf Gottes Stimme achten, die zu unserem Herzen sprechen will. Und ohne seine Anweisungen zu kennen sind wir nicht in der Lage, unser Lebensschiff in die richtige Richtung zu steuern.

Egal, ob wir uns gerade in einem solchen Sturm befinden oder nicht, es ist von fundamentaler Bedeutung, dass die biblische Wahrheit alle anderen Geräusche und jeden Lärm in unserem Leben übertönt. Deshalb tue ich jeden Tag etwas, um mit dem Wort Gottes in Kontakt zu kommen und zu bleiben: Ich lese in der Bibel, höre mir eine CD oder einen Podcast mit einer Predigt an oder meditiere einfach über einer biblischen Verheißung. Ich möchte, dass Gottes Wort so laut in meinem Leben widerhallt, dass die Stimmen, die mich ablenken wollen, gar nicht erst zu mir durchdringen.

In einer Welt voller widersprüchlicher Aussagen über Liebe, Sex, Karriere, Schönheit und den Sinn unseres Lebens muss uns immer bewusst sein, dass Gottes Perspektive unsere Leitlinie ist. Sein Wort ist die Wahrheit, und nur, wenn wir sein Wort kennen, können wir die Fesseln abschütteln, die uns daran hindern, all das zu erleben und zu erreichen, was Gott für uns bereithält. *„Zu den Juden, die nun an ihn glaubten, sagte Jesus: ‚Wenn ihr an meinen Worten festhaltet und das tut, was ich euch gesagt habe, dann gehört ihr wirklich zu mir. Ihr werdet die Wahrheit erkennen, und die Wahrheit wird euch befreien!'"* (Johannes 8,31-32).

Wir sollten in erster Linie auf die Menschen hören, die eine enge Beziehung zu Jesus haben. Und wir sollten darauf achten, dass wir uns von den lauten Stimmen, die in unser Leben hineinsprechen – Freunde, Lehrer, Bücher, Medien –, nicht von der biblischen Wahrheit abbringen lassen, sonst können wir irgendwann vom richtigen Weg abkommen. Ob wir in unserem Leben alle Herausforderungen meistern und alle Träume verwirklichen können, hängt nicht zuletzt davon ab, wie wir mit den unzähligen Botschaften umgehen, die wir jeden Tag erhalten: Nehmen wir sie einfach für bare Münze oder überprüfen wir sie anhand von Gottes Wort?

Worüber rede ich?
Wenn wir Mädels eines können, dann ist das reden! Wir haben immer das Bedürfnis, anderen zu erzählen, was wir heute gemacht haben, wie uns dabei zumute gewesen ist und was wir als Nächstes tun wollen. Außerdem müssen wir unserem Gegenüber unbedingt anvertrauen, was wir gedacht haben, als unsere Nachbarin uns dies und das gesagt hat, wie unsere Freundin auf unseren Anruf reagiert hat und dass wir der Ansicht sind, dass sie gar nicht richtig verstanden hat, was wir eigentlich gemeint haben, als wir zu ihr gesagt haben ... An dieser Stelle müssen wir erst mal kurz Luft holen, bevor wir gleich darauf ungebremst weiterreden. Es scheint, als ob wir Frauen mit einer bestimmten Wörterquote auf die Welt kommen, und wenn wir dieses Kontingent (das, nebenbei bemerkt, um einiges höher ist als das Kontingent unseres Mannes) nicht jeden Tag voll ausschöpfen, fühlen wir uns irgendwie unwohl!

Halten wir bei alldem, was wir reden, eigentlich jemals inne, um darüber nachzudenken, was genau wir da gerade sagen? Bauen unsere Worte andere Menschen auf oder haben sie eine niederschmetternde Wirkung? In der Bibel steht: *„Worte haben Macht: sie können über Leben und Tod entscheiden. Darum ist jeder für die Folgen seiner Worte verantwortlich"* (Sprüche 18,21). Wir gestalten unsere Welt mit den Worten, die wir sprechen. Wenn unerwartet ein Sturm aufzieht und über uns losbricht, dann hängt es oft von den Worten ab, die wir sagen, wie gut wir ihn überstehen.

Vor ein paar Jahren war ich während der alljährlichen Hurrikan-Saison in den USA, und eines Tages hörte ich in den Nachrichten, dass ein Wirbelsturm unmittelbar bevorstand. Der Reporter, der darüber berichtete, befand sich in voller Regenmontur im Freien und wurde fast weggepustet von dem immer heftiger werdenden Wind. Verwundert fragte ich mich, wie viel der arme Kerl wohl für diese Live-Reportage bezahlt bekam, denn der Sturm war inzwischen so stark, dass er sich an einem Laternenmast festklammern musste, um nicht wegzufliegen. *Na, das ist doch mal ein engagierter Typ,* dachte ich. *Wenn sich doch nur jeder Christ in einer Krise so an das Wort Gottes klammern würde wie dieser Mann an den Mast.* Das ist ein tolles Bild für die Haltung, die wir einnehmen müssen, wenn die Stürme des Lebens über uns hereinbrechen. Im Hebräerbrief steht: „*Haltet an dieser Hoffnung fest, zu der wir uns bekennen, und lasst euch durch nichts davon abbringen. Ihr könnt euch felsenfest auf sie verlassen, weil Gott sein Wort hält*" (Hebräer 10,23).

Genauso, wie der Reporter sich an den Pfahl klammerte, um nicht weggeweht zu werden, müssen wir uns an der Hoffnung unseres Glaubens festhalten, wenn eine Schlechtwetterfront auf unser Leben zurast. In solchen Momenten sollten wir nicht Tante Hilde anrufen und uns über unseren Ehemann beklagen oder darüber, dass wir immer noch keinen haben. Wir sollten nicht darüber jammern, wie sehr wir uns abrackern müssen, um finanziell über die Runden zu kommen, oder uns lang und breit über unsere gesundheitlichen Probleme auslassen. Zwar weiß ich selbst nur zu gut, dass wir manchmal von Angst, Unsicherheit und Zweifeln förmlich überwältigt werden, aber solche Situationen sind trotzdem nicht der richtige Zeitpunkt, um unsere Wörterquote voll und ganz auszuschöpfen und die negativen Gedanken dadurch auch noch zu verstärken.

Denken Sie an die zitierte Bibelstelle: „... *weil Gott sein Wort hält.*" Gott ist treu. Lassen Sie uns also genau darauf achten, was wir sagen. Anstatt einfach auszusprechen, was uns in den Sinn kommt, sollten wir in einer Art und Weise über unsere augenblickliche Lage, unsere Finanzen und unsere Familie sprechen, die mit der Wahrheit der Bibel übereinstimmt. Unsere Worte haben große Macht, und durch sie können wir die Welt, in der wir leben, verändern.

Wohin wende ich mich, wenn ich ein Problem habe?

In den meisten Fällen wissen wir Frauen ganz genau, was zu tun ist: Wenn sich auf unserem Kopf ein winziger grauer Haaransatz zeigt, gehen wir sofort zum Friseur, um unsere Haare färben zu lassen. Wenn wir von einem neuen Schnäppchenmarkt hören, sind wir schon vor dem Morgengrauen auf den Beinen, um ganz vorne in der Schlange zu stehen und die besten Schnäppchen zu ergattern. Und falls bei uns zu Hause tatsächlich einmal das Toilettenpapier oder, schlimmer noch, die Schokolade ausgehen sollte, sind wir schnell wie der Blitz im

Laden, um „nur ein paar Kleinigkeiten" zu besorgen. Wenn wir etwas wirklich brauchen, dann wissen wir ganz genau, wo wir hingehen müssen, um es zu bekommen.

Auf geistlicher Ebene sollte es genauso sein – wir sollten wissen, an welche Adresse wir uns wenden können, damit unsere inneren Bedürfnisse gestillt werden.

Dass ich heute immer noch danach strebe, Gottes Plan für mein Leben zu verwirklichen, liegt nicht zuletzt daran, dass ich fest in meiner Ortsgemeinde verwurzelt bin und mich aktiv am Leben dieser dynamischen Gemeinschaft beteilige. Diese Gemeinde ist der Ort, wo ich Liebe, Freude, Barmherzigkeit, Ermutigung und Geborgenheit erlebe. In einigen meiner schwärzesten Stunden, als ich das Gefühl hatte, absolut nicht mehr weiterzukönnen, waren es die Leute aus meiner Gemeindefamilie, die mir hilfreich unter die Arme gegriffen haben. Wenn wir in unserem Leben all das verwirklichen wollen, was Gott uns zugedacht hat, dann müssen wir uns in schweren Zeiten an die Menschen wenden, die Gott lieb haben und ihm von ganzem Herzen dienen.

Wenn Sie einsam sind oder Ihr Freund gerade mit Ihnen Schluss gemacht hat, dann brauchen Sie nicht in eine Disko zu rennen, um dort Gesellschaft zu finden. Suchen Sie sich lieber einen Hauskreis, in dem Sie willkommen sind. Wenn Ihre Firma rote Zahlen schreibt oder Ihre Aktien auf Talfahrt sind, dann sollten Sie nicht in ein Spielkasino gehen, um Ihre Finanzen aufzubessern. Kontaktieren Sie lieber einen erfahrenen Christen und bitten Sie ihn um Gebetsunterstützung. Und wenn Sie gerade herausgefunden haben, dass Ihr Teenager gefährdet ist durch ständigen Porno- oder Drogenkonsum, dann suchen Sie nicht in Realityshows nach Antworten, sondern wenden Sie sich an einen guten Therapeuten oder christlichen Seelsorger, der sich auf dem Gebiet der Suchtprävention auskennt.

Diese Beispiele repräsentieren nur einen Bruchteil der Schwierigkeiten, die in unserem Leben auftauchen können. Und so sehr sich die einzelnen Probleme auch voneinander unterscheiden mögen, so gilt doch ohne Ausnahme: Wir sollten uns in solchen Situationen an Gott wenden und uns nicht scheuen, solche Menschen um Hilfe zu bitten, die ihm von ganzem Herzen dienen. Es ist keine Schande, sich Unterstützung und Rat von christlichen Experten zu holen und die Mitglieder unserer Gemeinde um Gebet zu bitten. Wenn wir das tun, werden wir erleben, dass das Haus Gottes eine Quelle der Kraft, der Heilung und der Geborgenheit ist.

Woran erinnere ich mich?

Ich lüge Sie ganz bestimmt nicht an, aber manchmal habe ich ein ausgesprochen selektives Gedächtnis. Beispielsweise, wenn Nick und ich eine leidenschaftliche Diskussion über ein bestimmtes Thema führen und ich merke, dass er unrecht hat. Dann kann ich mich später noch ganz genau daran erinnern, was er gesagt hat, wie er es gesagt hat, was er anhatte und was es an diesem Tag zum Mittagessen gab. Ist es jedoch umgekehrt, und ich bin diejenige, die falschliegt, dann wird meine Erinnerung ganz automatisch ein bisschen verschwommen. „Äh … was meinst du? Also … na ja … ich weiß gar nicht mehr, was an diesem Tag passiert ist. Bist du ganz sicher, Nick, dass du dieses Gespräch nicht nur geträumt hast?"

Wir erinnern uns oft sehr lebhaft an Dinge, die wir besser vergessen sollten, und vergessen dafür die Dinge, die wir eigentlich im Gedächtnis behalten sollten! Um schwierige Zeiten erfolgreich zu überstehen, ist es jedoch wichtig, dass wir ermutigenden Erinnerungen nachhängen und nicht solchen, die uns belasten.

Lassen Sie uns den Entschluss fassen, dass wir uns das Gute vor Augen führen und nicht das Schlechte! Wir sollten immer wieder an das Positive denken, das Gott schon in unserem Leben bewirkt hat, statt völlig in unseren Problemen, Sorgen und negativen Erinnerungen aufzugehen.

Wenn ich in der Gefahr stehe, Gottes Ziele für mein Leben nicht länger zu verfolgen, weil ich meine, es sei zu mühsam, noch länger durchzuhalten, dann krame ich normalerweise alte Tagebücher hervor und Karten mit Bibelworten, die ich einmal für mich persönlich bekommen habe. Dadurch werde ich an Gottes Treue erinnert und an die Verheißungen, die er mir gegeben hat. Mir wird wieder neu bewusst, dass er mich noch nie im Stich gelassen hat. Und wenn das bisher so gewesen ist, wieso sollte es dann jetzt anders sein? In solchen Phasen bemühe ich mich, meinen Blick auf all das zu richten, womit Gott mich beschenkt hat: mit einem wundervollen Ehemann, zwei großartigen Töchtern, einer unglaublichen geistlichen Familie, einem fantastischen Team von Mitarbeitern, tollen Freunden, einem Zuhause, einer Arbeit in seinem Reich und innerer Heilung.

Jedes Mal, wenn ich mir meine eigene Geschichte vor Augen halte, erkenne ich die Gnade Gottes, seine Erlösung und seine Bewahrung in meinem Leben. Es ist wichtig, dass wir nie vergessen, woher wir kommen, aber noch wichtiger ist sicherlich, dass wir uns an die Momente erinnern, in denen Gott uns seine Treue bewiesen hat. Aus solchen Erinnerungen können wir Kraft schöpfen, um schwierige Phasen auszuhalten, anstatt uns irgendwann geschlagen zu geben.

Vergessen Sie nie, dass es ganz normal ist, wenn sich Probleme und Schwierigkeiten vor Ihnen auftürmen. Das heißt nicht, dass Sie irgendetwas falsch gemacht hätten oder in geistlicher Hinsicht am Ende wären. Solange Sie sich dafür entscheiden, trotz allem durchzuhalten, können die Unwägbarkeiten des Lebens Sie nicht daran hindern, all das zu erleben und zu erreichen, was Gott für Sie bereithält.

9

Es geht um Vitalität

Ich konnte kaum glauben, was in dieser Dokumentation berichtet wurde, und darum verfolgte ich wie gebannt, was diese Leute alles unternahmen, um eine Krankheit zu besiegen, von der die Menschheit seit Jahrtausenden geplagt wird. Dass ich meine Augen einfach nicht vom Bildschirm losreißen konnte, lag möglicherweise daran, dass es drei Uhr morgens war und ich mal wieder die Auswirkungen eines Jetlags spürte. Oder ich litt schlicht und einfach an morbider Neugier. Vielleicht war mein Interesse aber auch dem Umstand zuzuschreiben, dass ich gerade vierzig geworden war und mir meine ganz eigenen Gedanken darüber machte, wie ich das Unausweichliche verkraften sollte, das in dieser Sendung beschrieben wurde. Jedenfalls habe ich sicherlich noch nie so viele chirurgische Eingriffe im Fernsehen gesehen, denn die Patienten schreckten nicht einmal vor den schlimmsten Prozeduren zurück, um eine Krankheit zu bekämpfen, von der auch weiterhin jedes Lebewesen auf dieser Erde befallen werden wird: das Altern.

Verblüfft dachte ich: *Ach, Altern gilt jetzt als Krankheit? Ist das nicht ein ganz normaler Vorgang bei allem, was auf dieser Erde kreucht und fleucht?* Während im Fernsehen sämtliche Symptome dieser „Krankheit" geschildert und unzählige Maßnahmen zu ihrer Bekämpfung erläutert wurden, bin ich vermutlich bereits um zehn Jahre gealtert, weil schon allein das Überlegen, für welche dieser Alternativen ich mich entscheiden sollte, so unglaublich stressig war! Dutzende von Anti-Aging-Rezepten und -Behandlungen wurden vorgestellt sowie Medikamente zur Verringerung der Nebenwirkungen dieser Therapien. Selbstverständlich war auch die Rede von Faltenunterspritzung mit Botox, Fettabsaugung und Gesichtslifting ... ganz zu schweigen von Schönheitsoperationen an Körperteilen, von denen ich bis dato gar nicht gewusst hatte, dass sie überhaupt operativ geliftet, verkleinert oder vergrößert werden können. *Ach, es gibt tatsächlich Menschen, die glauben, dass sie Po-Implantate nötig hätten?! Ob dafür wohl Spender gesucht werden ...?*

Es war unglaublich, was die Leute, die in dieser Dokumentation gezeigt wurden, auf sich nahmen, um ewige Jugend zu erlangen. Unter anderen war eine Frau dabei, die am Anfang wunderschön gewesen war und am Ende seltsam starr und puppenhaft aussah mit ihrer glänzenden, frischhaltefolienartigen Haut, verblüffend großen Augen, einer winzigen Nase, übermäßig gewölbten Lippen und strahlend weißen Zähnen. Verstehen Sie mich bitte nicht falsch: Ich habe absolut nichts gegen

Anti-Aging-Produkte, ja noch nicht einmal gegen plastische Chirurgie (ich bin ziemlich sicher, dass ich wenigstens die Hälfte aller auf dem Markt befindlichen Hautcremes ausprobiert habe!), aber ich fragte mich, wieso diese Leute es für notwendig hielten, so viel Geld, Zeit und Mühe zu investieren, um etwas zu bekämpfen, was schlussendlich sowieso passieren würde. In einem Interview gab die besagte Frau sogar zu, dass sie zwar jünger aussähe als ihre eigene Tochter, sich aber innerlich nicht jünger fühle als vor all diesen Schönheitsoperationen.

Irgendwann wurde mir bewusst, dass ich die ganze Zeit mit gerunzelter Stirn und zusammengekniffenen Augen auf den Bildschirm gestarrt hatte. Das verunsicherte mich noch mehr, da ich ohnehin schon davon überzeugt war, dass die Falten in meinem Gesicht mit jeder Minute tiefer wurden. Schnell holte ich den kleinen Spiegel aus meiner Handtasche, um nachzuschauen, ob bereits dauerhafte Schäden entstanden waren, doch ich konnte es nicht so genau sagen. *Soll ich mich vielleicht lieber sofort auf den Weg machen und mir das neueste Präparat mit Grapefruit-Kernöl und irgendeinem Wunderserum besorgen?*, überlegte ich. *Es gibt bestimmt irgendwo einen Drogeriemarkt, der rund um die Uhr geöffnet ist ...*

Ich wollte gerade meine Laufschuhe anziehen (wenn ich auf der Jagd nach einem Mittel gegen die Falten in meinem Gesicht auch noch ein paar Kalorien verbrannte, würde ich zwei Fliegen mit einer Klappe schlagen!), als Nick wach wurde und mich fragte, was um alles in der Welt ich mir da anschaute. Sofort überschüttete ich ihn mit einem Schwall von Informationen über diese furchtbare Krankheit, vor der wir uns unbedingt schützen müssten. Ich zählte auf, was für Möglichkeiten es gab, die wir in Erwägung ziehen könnten, und fragte ihn im selben Atemzug, ob er nicht auch seine Schuhe holen wolle, damit wir zusammen zum Drogeriemarkt joggen könnten.

Lassen Sie es mich mal so formulieren: Dem Himmel sei Dank für großartige Ehemänner, denn meiner schaltete sofort den Fernseher aus und fragte mich, was ich mit der echten Christine gemacht hätte. Da fing ich an zu lachen, weil schon allein der Klang seiner Stimme mich wieder einigermaßen in den Zustand der Zurechnungsfähigkeit zurückholte. Erst jetzt wurde mir nämlich bewusst, dass meine Gedanken in der letzten halben Stunde nur noch darum gekreist hatten, wie ich es schaffen könnte, keinen Tag älter als 25 auszusehen! Aus einer völlig anderen Perspektive berichtete ich Nick dann ganz nüchtern von dieser Dokumentation: wie unsere Besessenheit, das Unmögliche zu erreichen, nämlich die Zeit zurückzudrehen, eine 45 Milliarden Dollar schwere Anti-Aging-Industrie hervorgebracht hat, die unsere wachsenden Ansprüche, Bedürfnisse und Sehnsüchte bedienen soll. Und dass sich die Menschen, die ihr Äußeres durch zahlreiche Eingriffe verschönern ließen, innerlich jedoch kaum oder gar nicht veränderten.

Das Streben nach ewiger Jugend ist in der Gesellschaft von heute geradezu eine Sucht. Keiner von uns möchte die Energie, die Beweglichkeit und die Lust am Abenteuer verlieren, die für junge Leute typisch ist. Und wer könnte uns das schon verübeln? Das Traurige daran ist nur, dass viele Menschen meinen, sie könnten dieses Ziel erreichen, indem sie weiterhin jung aussehen, statt dass sie darauf achten, *innerlich* jung zu bleiben. Wahre Jugend kommt nämlich von innen und hat nicht viel mit unserem Äußeren zu tun.

Gott sagt: *„Ich urteile nach anderen Maßstäben als die Menschen. Für die Menschen ist wichtig, was sie mit den Augen wahrnehmen können; ich dagegen schaue jedem Menschen ins Herz"* (1. Samuel 16,7b). Und im Buch der Sprüche steht: *„Was ich dir jetzt rate, ist wichtiger als alles andere: Achte auf deine Gedanken und Gefühle, denn sie beeinflussen dein ganzes Leben!"* (Sprüche 4,23). Wenn wir innerlich jung und dynamisch sind, werden wir auch über die nötige Vitalität verfügen, um unsere Bestimmung zu erfüllen und Gottes Ziele für unser Leben zu erreichen.

Selbstverständlich sollen wir nicht nur unseren inneren Zustand, sondern auch unsere körperliche Verfassung im Auge behalten, denn es ist ein lebenslanger Prozess, all das zu verwirklichen, was Gott für uns bereithält. Dieser Prozess erfordert große Ausdauer, und wer Ausdauer haben will, muss sowohl seinem Körper als auch seinem Geist eine gewisse Aufmerksamkeit schenken.

Ich habe Ihnen ja schon erzählt, dass ich sehr viel unterwegs bin. Auf meinen Reisen ist es schon häufig vorgekommen, dass ich direkt vom Flughafen zu einer Veranstaltung fahren musste, um dort einen Vortrag zu halten. Und dabei habe ich gelegentlich auf die harte Tour gelernt, wie wichtig es ist, dass ich meinen Körper fit und gesund halte. Inzwischen achte ich sehr genau darauf, dass ich mich richtig ernähre, genug Wasser trinke und nicht zu viel Schlaf versäume. Denn es nützt mir letztlich gar nichts, wenn ich zwar innerlich jung bleibe, aber mein Körper irgendwann schlappmacht.

Sich körperlich fit zu halten, ist keine Frage der Eitelkeit, sondern eine Frage der Vernunft. Wir wären töricht, wenn wir die Informationen und Ratschläge zu dem Thema „Gesund leben", die uns in Büchern und im Internet zur Verfügung stehen, nicht nutzen würden. Lassen Sie sich dabei aber bitte keine Märchen auftischen, wie ein gesunder Körper auszusehen hat! Gesund zu sein und einen jungen, beweglichen Geist zu haben, hat nichts zu tun mit unserer Kleidergröße oder der Anzahl der Runzeln in unserem Gesicht. So wie jeder von uns eine einzigartige Bestimmung hat, so muss auch jeder selbst herausfinden, wie er am besten dafür sorgen kann, dass er weder seinen Geist noch seinen Körper vernachlässigt. Stellen Sie Ihr persönliches Fitnessprogramm auf, das alle Bereiche Ihres Lebens mit einschließt, und halten Sie sich dann auch daran! Wäre es nicht fantastisch, wenn wir auch in dieser Hinsicht ein Vorbild wären, an dem andere sich orientieren können?

Forever young

Zu den Personen in der Bibel, die ich am meisten bewundere, gehört der Hebräer Kaleb. Ich muss zugeben, dass mich sein Eifer, seine Beharrlichkeit, seine Treue und sein unablässiges Streben danach, Gottes Willen zu tun, und zwar bis zum letzten Atemzug, immer stärker inspirieren, je älter ich werde.

Als die zwölf Kundschafter aus Kanaan zurückgekehrt waren, sagte Kaleb voller Zuversicht: *„Wir sind stark genug, das Land zu erobern. Wir müssen nur losziehen und es in Besitz nehmen!"* (4. Mose 13,30b). Er war zu diesem Zeitpunkt vierzig Jahre alt, und er wollte unbedingt alles erleben und erreichen, was Gott ihm zugedacht hatte. Darin ließ er sich auch nicht durch den Pessimismus seiner Mitmenschen beirren.

Sogar, als er gezwungen war, vierzig Jahre in der Wüste zu verbringen, weil das Volk Israel gegen Gott aufbegehrt und sich beklagt hatte, blieben sein Feuer und seine Begeisterung ungebrochen. Nachdem er dann endlich das Gelobte Land betreten hatte, hätte Kaleb sich dort niederlassen, in Rente gehen und ein ruhiges, risikofreies und friedvolles Leben führen können. Immerhin hätte er es doch verdient gehabt, sich nun zurückzulehnen und auszuruhen. Aber Kaleb war aus einem anderen Holz geschnitzt (vgl. 4. Mose 14,24).

Wenn wir in unserem Leben alles verwirklichen wollen, was Gott für uns bereithält, dürfen wir nicht meinen, dieser Prozess sei in irgendeinem Alter beendet.

Statt schon vor dem Ziel aufzugeben, müssen wir das Rennen unbedingt bis zum Ende durchhalten. In dieser Hinsicht ist uns Kaleb ein großes Vorbild, denn als er 85 Jahre alt war und längst rentenberechtigt gewesen wäre, sagte er: *„Nun hat mich der Herr tatsächlich am Leben erhalten, wie er es versprochen hat. Fünfundvierzig Jahre sind vergangen, seit der Herr dies zu Mose gesagt hat. In dieser langen Zeit sind wir Israeliten in der Wüste umhergezogen. Heute bin ich 85 Jahre alt und noch genauso stark wie damals als Kundschafter. Ich habe die gleiche Kraft und kann immer noch kämpfen und Kriegszüge unternehmen. Teile mir das Bergland zu, das der Herr mir damals versprochen hat! Du weißt, dass dort Anakiter in großen Städten leben, die sie zu Festungen ausgebaut haben. Vielleicht wird der Herr mir helfen, sie zu vertreiben, wie er es zugesagt hat"* (Josua 14,10-12).

Wie alt sind wir innerlich?

In der bereits erwähnten Dokumentation über die Anti-Aging-Industrie wurden an einer Stelle sage und schreibe 45 verschiedene Symptome des Alterns aufgezählt. Ich erinnere mich noch, wie ich laut auflachte, weil ich mindestens die Hälfte dieser Symptome an mir selbst feststellen konnte! Das fand ich urkomisch, denn diese „Symptome" sind in Wirklichkeit nichts anderes als ganz normale Anzeichen für das, was mit unserem Körper passiert, wenn er dem Lauf der Zeit, den Naturgewalten, einem gewissen Stress und insbesondere der Schwerkraft ausgesetzt ist!

Als ich näher über die beschriebenen Symptome nachdachte, wurde mir klar, dass einige davon im übertragenen Sinne auch auf eine „geistige Erschlaffung" hindeuten können. Es ist nämlich relativ einfach, sich vor den Spiegel zu stellen und herauszufinden, wie sehr unser Körper bereits gealtert ist. Weitaus schwerer ist es hingegen zu erkennen, wie stark wir innerlich ausgelaugt und abgestumpft sind. Darum kann es nicht schaden, wenn wir in ähnlicher Weise, wie wir unseren Körper von einem Arzt untersuchen lassen, unser Inneres immer wieder einem persönlichen Check-up unterziehen. Folgende Punkte können Ihnen dabei helfen:

Nachlassende Flexibilität
Ich staune immer wieder, wie meine Töchter ihren kleinen Körper verrenken können. Sie sind so beweglich, dass sie in den Spagat gehen und sich dann aus dieser Position heraus noch so verdrehen können, dass sie beispielsweise einen Fuß an den Hinterkopf legen. Und dann erkundigen sie sich, ob Mama und Papa das nicht auch mal machen wollen. Zwar denke ich, dass ich in ganz guter körperlicher Verfassung bin, aber ich bin ganz sicher nicht mehr so beweglich wie früher, und es würde mir nicht im Traum einfallen, mich mit den beiden auf den Fußboden zu begeben und zu versuchen, meinen Körper zu einer Brezel zu verbiegen. Doch auch wenn mein Körper nicht mehr so biegsam ist wie in

meiner Kindheit, so bemühe ich mich trotzdem, meinen Geist durch regelmäßiges geistliches Stretching so beweglich wie möglich zu erhalten.

Wenn wir nichts verpassen wollen, was Gott uns zugedacht hat, müssen wir innerlich flexibel sein. Wir müssen bereit sein, uns innerlich auszudehnen und Weite zu gewinnen, weil Gott uns sonst nie für Größeres und Besseres gebrauchen kann. Wer schon Kinder geboren hat, kann sich das vielleicht so ähnlich vorstellen wie Wehen! Genau in dem Augenblick, wenn wir glauben, dass jetzt absolut nichts mehr geht, übernimmt der Heilige Geist den Part der Hebamme und flüstert uns zu: „Nur noch ein winziges bisschen, dann hast du es geschafft!" Oder anders ausgedrückt: *„Vergrößere dein Zelt! Spann die Zeltdecken weiter aus! Spare nicht! Verlängere die Seile und schlag die Pflöcke fest ein! Denn du wirst dich nach allen Seiten hin ausbreiten: Deine Kinder werden das Land anderer Völker in Besitz nehmen und die zerfallenen Städte neu besiedeln"* (Jesaja 54,2-3).

Wenn wir es uns in unserem Leben zu gemütlich machen und innerlich einrosten (stellen Sie sich doch einmal bildlich vor, ich würde versuchen, meine biegsamen Töchter nachzuahmen … nein, wenn ich es mir recht überlege: tun Sie's lieber doch nicht), versäumen wir so vieles von dem, was Gott für uns vorgesehen und vorbereitet hat. Ob wir große Taten für ihn vollbringen können, hängt nicht zuletzt davon ab, ob es uns ein inneres Bedürfnis ist, neue Lebensbereiche und -ebenen zu erschließen.

Lassen Sie uns doch dem Helden Kaleb nacheifern und niemals zulassen, dass wir unbeweglich werden, innerlich verkümmern oder unseren jugendlichen Schwung und unsere Begeisterung verlieren.

Abnehmendes Sehvermögen
Ich leugne nicht, dass ich meine Freundinnen, die bereits eine Lesebrille brauchen, hin und wieder gern ein bisschen aufziehe. Bei solchen Gelegenheiten flechte ich, ach so bescheiden, ein, dass ich selbst immer noch hundert Prozent Sehkraft habe und auch heute noch ein Buch lesen kann, egal, wie klein die Schrift ist. Ja, ja, ich weiß, dass womöglich der Tag kommen wird, an dem all diese Prahlerei auf mich zurückfällt, aber im Augenblick genieße ich dieses gutmütige Gefrotzel einfach zu sehr. Tatsache ist jedenfalls, dass unsere Sehfähigkeit mit das Erste ist, was durchs Altern nachlässt.

Ganz ähnlich ist auch eines der ersten Anzeichen für geistliches Altern (altern ist übrigens etwas anderes als reifen), dass wir Gottes langfristige Ziele für unser Leben nicht mehr so genau erkennen können. In den Sprüchen steht: *„Wenn keine Offenbarung (wörtlich: Vision) da ist, verwildert ein Volk; aber wohl ihm, wenn es das Gesetz beachtet!"* (Sprüche 29,18; Elberfelder Übersetzung). Um in jedem Bereich unseres Lebens unsere Träume zu verwirklichen, dürfen wir nicht „verwildern", sondern wir müssen eifrig danach streben, unseren Blick noch fester auf Gott zu richten. Wir brauchen eine prophetische Vision für unser Leben, die sich immer mehr entfaltet, je älter wir werden, sodass wir uns nicht mit kurzfristigen Erfolgen zufriedengeben. Viele Frauen träumen von einem Partner, einer Familie, einem schönen Zuhause und einem erfüllenden Beruf, doch wenn Sie diese Ziele erreicht haben, sollten Sie sich noch nicht zur Ruhe setzen! Gott hält noch viel mehr für Sie bereit, und die eigentliche Bestimmung, die er in Sie hineingelegt hat, geht noch weit über diese Dinge hinaus! Darum müssen wir uns immer wieder von Neuem dafür entscheiden, die richtige Brille aufzusetzen.

Seelische Verletzungen können ebenfalls ein Grund sein, weshalb unsere geistliche Sicht beeinträchtigt ist. Wenn wir uns zum Beispiel nicht mit den Enttäuschungen und Niederlagen auseinandersetzen wollen, die sich unweigerlich dann und wann einstellen, verlieren wir möglicherweise den Mut und auch das größere Bild aus dem Blick. Unversöhnlichkeit, Bitterkeit, Eifersucht, Neid und Streitsucht können sich wie eine Linsentrübung unseres geistlichen Auges auswirken. Lassen Sie uns deshalb den Entschluss fassen, unsere geistliche Sehkraft zu erhalten, indem wir täglich unseren Blick auf Jesus richten, den Urheber und Vollender unseres Glaubens.

Verschlechterung des Gehörs
Ich bin immer wieder erstaunt darüber, dass ich die Stimmen meiner Töchter aus einer Menge von Dutzenden anderer Kinderstimmen heraushören kann. Wenn wir beispielsweise auf dem Spielplatz sind, wo so viele

andere Kinder schreiend und lachend herumtoben, höre ich trotzdem sofort, ob Catherine oder Sophia nach mir rufen. Ich erkenne ihre Stimmen und kann sofort reagieren. Bestimmt geht es Ihnen ähnlich, was die Stimmen Ihrer Lieben betrifft. Wenn wir älter werden, kann unsere Fähigkeit, Geräusche und Stimmen auf Anhieb zu erkennen und eindeutig zuzuordnen, jedoch immer mehr abnehmen, und irgendwann klingt alles dumpf und undeutlich.

In Lukas 8,8 sagt Jesus: *„Wer Ohren hat zu hören, der höre!"* (Luther-Übersetzung), und die Bibel ermahnt uns immer wieder, ständig mit einem Ohr auf die Stimme des Geistes zu hören. Um all das zu erleben und zu erreichen, was Gott für uns bereithält, müssen wir in der Lage sein, die Stimme Gottes aus all den anderen Stimmen, die fortwährend um unsere Aufmerksamkeit ringen, herauszuhören. Seien wir doch realistisch: Noch nie zuvor sind wir mit so vielen Informationen bombardiert worden. Nur heute, an diesem Tag, kommen im World Wide Web 7,3 Millionen neue Seiten hinzu, und morgen werden es noch mehr sein. Nur heute, an diesem Tag, erscheinen tausend neue Bücher, und die Gesamtheit allen gedruckten Wissens wird sich im Laufe der nächsten fünf Jahre verdoppeln. Auch wenn wir jetzt sofort anfangen würden zu lesen und 24 Stunden am Tag und 365 Tage im Jahr damit fortfahren würden, könnten wir niemals Schritt halten mit allem, was neu geschrieben wird. Nur heute, an diesem Tag, werden 5 Milliarden SMS verschickt. In den nächsten zehn Jahren wird weltweit mehr Wissen zur Verfügung gestellt werden, als in der gesamten Menschheitsgeschichte bisher entdeckt wurde.[3] Ich könnte noch mehr Fakten aufzählen, aber ich nehme an, Sie haben begriffen, worauf ich hinauswill.

Entschuldigen Sie bitte den allzu plastischen Vergleich, wenn ich sage, dass wir regelmäßig das Ohrenschmalz aus unseren geistlichen Ohren entfernen sollten, das sich im Laufe der Zeit dort festsetzt. Wir sollten uns von allem trennen, was unsere Fähigkeit, die Stimme Gottes zu hören, beeinträchtigen könnte. Sonst kann es passieren, dass wir uns von anderen Stimmen gefangen nehmen lassen und womöglich etwas von dem verpassen, was Gott uns so gerne schenken möchte.

Schwindende Energie und abnehmende Geschwindigkeit

Wenn ich am Flughafen einen Anschlussflug erreichen muss und die Zeit zum Umsteigen äußerst knapp bemessen ist, erweist sich immer wieder die Richtigkeit von Murphys Gesetz. Das heißt, alles, was schiefgehen kann, geht auch schief. Direkt vor mir stehen dann beispielsweise die Teilnehmer einer großen Reisegruppe, die den gesamten Terminal blockieren. Diese Leute, die dazu auch noch alle die gleichen Reise-T-Shirts tragen, bilden ein unübersichtliches Labyrinth von Menschen, durch das sich alle übrigen Reisenden erst einmal müh-

---

3   Dave Ferguson, The Big Idea (Zondervan Publishing, 2007)

sam hindurchwinden müssen. Und dann, wenn ich mir endlich einen Weg durch die Menge gebahnt habe und anfange, die langen Laufbänder entlangzurennen, werde ich wieder aufgehalten, weil eine Gruppe von Frauen den Durchgang verstopft, die aufgeregt über die bevorstehende Kreuzfahrt nach Bora Bora plaudert und sich dabei kein bisschen um alle übrigen Leute schert. Da ich es so eilig habe, möchte ich am liebsten rufen: „Sehen Sie denn nicht die Schilder, die besagen, dass man auf der rechten Seite des Laufbandes stehen soll, damit die Leute, die es eilig haben, links vorbeirennen können?" Zum Glück erinnere ich mich aber gerade noch rechtzeitig daran, dass ich ja Christin bin, und so beherrsche ich mich und warte geduldig, bis das Ende des Laufbandes erreicht ist … um dann blitzschnell an den Frauen vorbeizuhuschen, bevor sie das nächste Band betreten!

Wenn wir die Welt aus Gottes Perspektive betrachten könnten, würden wir sicherlich viele Menschen sehen, die sich auf geistlichem Gebiet wie in Zeitlupe bewegen oder sogar völlig zum Stillstand gekommen sind, weil sie sich von irgendetwas haben ablenken lassen. Manche von ihnen sind vielleicht irgendwann einmal eine Zeit lang auf der Überholspur unterwegs gewesen, doch dann haben sie beschlossen, dass ihnen das Tempo auf dem Standstreifen eigentlich doch eher zusagt!

Wenn wir anfangen, all das zu verwirklichen, was Gott für uns bereithält, dann sind wir zunächst so voller Leidenschaft, Energie und Begeisterung, dass wir gar nicht anders können, als mit Volldampf voranzupreschen. Es ist allerdings nichts Ungewöhnliches, wenn wir schon ein paar Jahre später solche Äußerungen von uns geben wie: „Ich fühle mich ausgebrannt" oder „Ich bin es einfach so leid, mich mit meinem Mann und den Kindern herumzuschlagen" oder sogar „Ich muss mich einfach mal eine Weile aus allem heraushalten". Wir sind frustriert und erschöpft, stehen am Rande eines Zusammenbruchs und möchten am liebsten alles hinschmeißen. Dafür kann es verschiedenste Gründe geben, aber ich glaube, vieles lässt sich letztlich auf die einfache Tatsache reduzieren, dass wir versuchen, etwas aus eigener Kraft zu schaffen, was nur Gott tun kann. Lassen Sie sich von dem Bibelwort ermutigen, das uns mahnt: *„Werdet nicht müde, Gutes zu tun. Es wird eine Zeit kommen, in der ihr eine reiche Ernte einbringt. Gebt nur nicht vorher auf!"* (Galater 6,9).

Selbstverständlich sollen wir mit unseren körperlichen Kräften haushalten und ab und zu kürzertreten. Doch es ist ein großer Unterschied, ob wir uns nach einer anstrengenden Phase Zeit zum Ausruhen und Auftanken nehmen oder ob wir seelisch total ausgelaugt sind, weil wir versucht haben, alles in unserer eigenen Kraft zu bewältigen.

Jesus macht deutlich, worauf es ankommt, als er zu seinen Jüngern sagt: *„Bleibt fest mit mir verbunden, und ich werde ebenso mit euch verbunden bleiben! Denn so wie eine Rebe nur am Weinstock Früchte tragen kann, so werdet auch ihr nur Frucht bringen, wenn ihr mit mir* *verbunden bleibt. Ich bin der Weinstock, und ihr seid die Reben. Wer bei mir bleibt, so wie ich bei ihm bleibe, der trägt viel Frucht. Denn ohne mich könnt ihr nichts ausrichten"* (Johannes 15,4-5).

Wir sollten alles daransetzen, nah bei Jesus zu bleiben, um aus seiner Kraft zu leben. Nur wer Zugang zu einer Quelle hat, wird ständig mit frischem Wasser versorgt und bekommt immer wieder neue Energie. Darum kann der Apostel Paulus voller Zuversicht sagen: *„Deshalb bin ich auch ganz sicher, dass Gott sein Werk, das er bei euch begonnen hat, zu Ende führen wird, bis zu dem Tag, an dem Jesus Christus kommt"* (Philipper 1,6).

Beeinträchtigung des Geschmackssinns

Als Letztes ging es in der Dokumentation im Fernsehen auch noch um die Tatsache, dass sich unser Geschmackssinn verändern oder verschlechtern kann, wenn wir älter werden. Da ich in einem griechischen Haushalt groß geworden bin, wo es unglaublich leckeres Essen gab, kann ich mir kein schlimmeres Symptom des Alterns vorstellen!

Im Ernst, wenn jemals der Tag kommen sollte, an dem ich zwischen Souflaki und Moussaka oder zwischen Pastitsio und Baklava keinen Unterschied mehr herausschmecken kann ... ich glaube, dann würde ich eine Begeisterung fürs Fasten entwickeln. Schließlich wäre es doch furchtbar öde, wenn jede Mahlzeit gleich schmecken würde. Wer würde sich denn dann überhaupt noch die Mühe machen zu essen?

Im Hinblick auf unseren inneren Zustand sollten wir uns fragen, ob wir unsere Beziehung zu Gott und das Bestreben, gemäß seinem Willen zu leben, immer noch so „aromatisch" finden wie früher. Erleben wir immer noch von Zeit zu Zeit eine Offenbarung, die nicht nur unser Herz, sondern auch unsere Sinne berührt, oder schmeckt unser Alltag eher wie Weizenkleie?

Wenn Sie das Gefühl haben, dass Teile Ihres Lebens (oder alles) langweilig und fade geworden sind, dann können Sie das ändern! Wir haben alle die Fähigkeit, unsere geistlichen Geschmacksknospen zu regenerieren, indem wir uns von Gott neu mit Freude und Begeisterung erfüllen lassen. Da Freude eine der Früchte ist, die der Heilige Geist in unserem Leben hervorbringen will, brauchen wir uns nur dafür zu entscheiden, ihn ungehindert wirken zu lassen. Gott möchte uns nämlich eine Grundhaltung der Freude schenken, durch die wir seine Güte, die in unserem Alltag sichtbar wird, wieder ganz neu genießen können!

Ob wir unseren Weg mit Gott eintönig und öde oder interessant und abwechslungsreich finden, wirkt sich unmittelbar auf den Nachgeschmack aus, den wir in unseren Beziehungen mit anderen hinterlassen. Ich möchte es mal so formulieren: Meine Mutter hat mir immer gesagt, wie wichtig Salz beim Kochen ist. Mit nur einer Prise Salz könne man ein langweiliges Essen in ein köstliches Gericht verwandeln, behauptete sie dauernd. Nun, als Christen sollen wir ja in jeder Situation, unter allen Umständen und in jeder Beziehung die „Würze" sein. In Matthäus 5,13 steht: „*Ihr seid für die Welt wie Salz. Wenn das Salz aber fade geworden ist, wodurch soll es seine Würzkraft wiedergewinnen? Es ist nutzlos geworden, man schüttet es weg, und die Leute treten darauf herum.*"

Welchen Geschmack hinterlässt eine Begegnung mit Ihnen bei Ihren Mitmenschen? Spüren die anderen in Ihrem Reden und Handeln die Güte unseres himmlischen Vaters, oder bleibt ein bitterer Nachgeschmack zurück, wenn man mit Ihnen zu tun gehabt hat?

Obwohl ich es schon mehrfach erwähnt habe, möchte ich noch einmal deutlich darauf hinweisen: In dem Prozess, alles zu erleben und zu erreichen, was Gott für Sie bereithält, geht es nicht nur um Sie selbst, sondern auch um die Menschen in Ihrem Umfeld. Gott möchte nämlich, dass Sie ein Leuchtfeuer sind, das anderen den Weg zu Jesus zeigt.

Letztlich läuft also alles darauf hinaus, dass wir eine enge Beziehung zu Jesus Christus brauchen, die jeden Bereich unseres Lebens prägt. In Psalm 34,9 steht, dass wir sehen und schmecken sollen, wie freundlich der Herr ist (s. Luther-Übersetzung). Und wenn wir in unserem Alltag immer wieder von der Güte Gottes überwältigt werden, können wir gar nicht anders, als unserer Umgebung einen ganz besonderen und einzigartigen Geschmack zu verleihen!

Die Quelle ewiger Jugend existiert also tatsächlich – und zwar liegt sie in der Verbundenheit mit Jesus Christus.

Solange wir aus seiner Kraft leben, wird unser Geist jung, dynamisch, vital und leidenschaftlich bleiben, auch wenn unser Körper im Laufe der Zeit schwächer wird. Und wenn wir hier auf der Erde das Ziel erreicht haben, das Gott uns für diese Etappe des Weges gesteckt hat, dann wird unser Geist in Ewigkeit bei ihm weiterleben.

Lassen Sie uns unsere Hoffnung auf den Herrn, den Urheber allen Lebens, setzen, denn nur so werden wir imstande sein, jede Herausforderung zu meistern und jeden Traum zu verwirklichen.

„*Begreift ihr denn nicht? Oder habt ihr es nie gehört? Der Herr ist der ewige Gott. Er ist der Schöpfer der Erde – auch die entferntesten Länder hat er gemacht. Er wird weder müde noch kraftlos. Seine Weisheit ist unendlich tief. Den Erschöpften gibt er neue Kraft, und die Schwachen macht er stark. Selbst junge Menschen ermüden und werden kraftlos, starke Männer stolpern und brechen zusammen. Aber alle, die ihre Hoffnung auf den Herrn setzen, bekommen neue Kraft. Sie sind wie Adler, denen mächtige Schwingen wachsen. Sie gehen und werden nicht müde, sie laufen und sind nicht erschöpft*" (Jesaja 40,28-31).

Was für eine Verheißung …

Liebe Leserin,

jetzt ist es mal wieder so weit: Ich sitze in einem Flieger, einen Kaffee in der Hand, und lese dieses Manuskript noch einmal durch. Dabei überlege ich, was ich Ihnen ganz zum Schluss noch mit auf den Weg geben könnte, und ich muss Ihnen leider sagen: Ich weiß es nicht. Es ist nicht etwa so, dass mir die Worte fehlen würden (die Begriffe „sprachlos" und „Christine Caine" schließen sich gegenseitig aus), sondern ich habe vielmehr den Eindruck, dass sich dieses Buch nicht wie ein Sack zubinden lässt …

Einen Moment bitte … Die Stewardess steht gerade in einer gelben Schwimmweste und mit einer Sauerstoffmaske vor mir, und obwohl ich die jetzt folgende Sicherheitsunterweisung schon zigmal gehört habe, zwingt mich der Umstand, dass die hübsche junge Dame so nah an meinem Platz steht, wenigstens ein Mindestmaß an Aufmerksamkeit vorzutäuschen!

Kaum zu glauben, aber es hat sich tatsächlich gelohnt, dass ich so höflich gewesen bin, denn die gut eingeübte Startansprache der Stewardess hat mich auf eine Idee gebracht, wie ich dieses Buch beenden könnte!

Die meisten Flüge, die ich erlebt habe, sind glücklicherweise vollkommen reibungslos verlaufen, sodass die schwierigste Entscheidung, vor die ich auf solchen Flügen gestellt wurde, die Frage war, ob ich zum Essen ein Vollkornbrötchen oder lieber eine Scheibe Weißbrot haben wollte. Aber es hat auch schon Flüge mit richtig schlimmen Turbulenzen gegeben, und in solchen beängstigenden Momenten versuche ich immer verzweifelt, mir die Sicherheitsanweisungen der Stewardess in Erinnerung zu rufen:

1. Schwimmweste anlegen.
2. Erst selbst die Sauerstoffmaske aufsetzen, bevor man anderen hilft.
3. Sich genau einprägen, wo die Notausgänge sind.
4. Crash-Position einnehmen.

Wahrscheinlich fragen Sie sich jetzt, wieso um alles in der Welt ich im Epilog dieses Buches zu den Sicherheitsvorkehrungen im öffentlichen Personenverkehr der Luftfahrt abschweife. Gute Frage. Lassen Sie es mich erklären: Obwohl Sie in wenigen Augenblicken dieses Buch zu Ende gelesen haben werden, sind Sie in Ihrem Leben noch längst nicht am Ziel angekommen … es geht ja darum, immer wieder zu einem neuen Abenteuer mit Gott aufzubrechen! Und auf jedes Abenteuer muss man sich vorher einstellen und vorbereiten, man muss in schwierigen Phasen die Zähne zusammenbeißen und sich trotz zahlreicher Hindernisse irgendwie einen Weg bahnen. Es wird Tage geben (glücklicherweise wird es die große Mehrzahl der Tage sein), an denen das Leben spannend sein wird, aber auch solche, die einem nur noch Angst machen.

Ein Teil von dem, was Sie auf den vorhergehenden Seiten gelesen haben, trifft vielleicht für Ihre derzeitige Situation zu, während Sie anderes erst irgendwann in der Zukunft anwenden können. Betrachten Sie dieses Buch darum einfach als eine Art Sicherheitshinweiskarte, wie sie in Flugzeugen an jedem Platz stecken. Lesen Sie sich die verschiedenen Kapitel immer wieder durch und handeln Sie entsprechend. Und wenn es dann tatsächlich einmal zu Turbulenzen kommt, werden Sie instinktiv wissen, welche Position Sie einnehmen und wie Sie sich wappnen müssen, um mit jeder Bedrohung fertigzuwerden.

Sie können ganz sicher sein, dass der Flugkapitän – Jesus Christus – alles unter Kontrolle hat. Selbst mitten in einem schweren Sturm. Wenn wir Gott unser Leben anvertrauen und auf seine Anweisungen warten, werden wir irgendwann seine beruhigende Stimme hören, die uns zuflüstert: *„Ja, meine liebe Tochter, im Augenblick erscheint es dir vielleicht völlig unmöglich, all das zu erleben und zu erreichen, was ich dir zugedacht habe. Aber verlier nicht den Mut, und halte dich einfach immer weiter an mich, denn für mich ist nichts unmöglich!"*

Ist Ihnen klar, liebe Leserin, dass Sie persönlich die Chance haben, Geschichte zu schreiben? Gehen Sie an Orte und tun Sie Dinge, von denen frühere Frauengenerationen nicht zu träumen gewagt hätten. Wir sind es den Menschen um uns herum schuldig, das einzigartige

Spektrum unserer Möglichkeiten, Herausforderungen und Träume voll auszuschöpfen und so für kommende Generationen ein Vorbild zu sein. Denken Sie immer daran, dass sich jede Mühe, jede schlaflose Nacht, jede erfolgreich bewältigte Herausforderung und sogar jede richtig verarbeitete Niederlage lohnt!

Und nun will ich mit den Worten der freundlichen Stewardess schließen:

„Meine Damen, wir werden gleich starten, um all das zu erleben und zu erreichen, was Gott für uns bereithält. Bleiben Sie bitte auf Ihrem Platz und legen Sie Ihren Gurt an, denn auch wenn die Aussicht in 10 000 Metern Höhe geradezu atemberaubend sein kann, so besteht doch die Möglichkeit, dass es unterwegs Turbulenzen geben wird. Achten Sie deshalb bitte darauf, dass sich die Rückenlehne Ihres Sitzes in aufrechter Position befindet, dass die Tische hochgeklappt sind und dass Ihr Handgepäck sicher verstaut ist. (Schließlich weiß man nie, wann der Flugkapitän Sie anweisen wird, auf die Tür zu einer neuen Chance zuzurennen, und in so einem Fall soll Ihnen nichts den Weg versperren.) Und jetzt, meine sehr verehrten Damen, lehnen Sie sich bitte zurück, bestellen Sie ein Getränk und genießen Sie den Flug …"

Herzlichst

Christine

Briefe von Gott.

Halten Sie einmal für einen Augenblick inne. Hören Sie genau hin. Gott flüstert gerade Ihren Namen. Er erzählt Ihnen von seiner grenzenlosen Liebe zu Ihnen. Davon, dass er Ihnen alle Ihre Sorgen und Ihren Kummer abnehmen will. Und Ihnen Hoffnung und Zuversicht schenken möchte. Die 365 Briefe Gottes für jeden Tag des Jahres begleiten Sie in seine Gegenwart. Dieses Buch führt Sie durch zentrale Texte der Bibel, von der Schöpfung bis zur Offenbarung. Es sind Wahrheiten, aus denen Sie Kraft gewinnen können. Wahrheiten, die einfach guttun. Ein Andachtsbuch wie ein wohltuendes Kaminfeuer – es wärmt die Seele.

In meiner Hand geborgen · 365 Briefe von Gott
Gebunden · 416 Seiten · ISBN 978-3-86591-725-6